Les Traités et le Poème

« Spiritualités vivantes »

Maître Eckhart

Les Traités et le Poème

Traduction, présentation et notes par
Gwendoline Jarczyk et Pierre-Jean Labarrière

Albin Michel

Albin Michel
▪ *Spiritualités* ▪

Collections dirigées
par Jean Mouttapa et Marc de Smedt

22, rue Huyghens, 75014 Paris

ISBN : 2-226-08832-6
ISSN : 0755-1726X

Présentation

Ce premier volume d'une intégrale de l'œuvre allemande de Maître Eckhart rassemble les quatre *Traités* dont la critique récente a reconnu l'authenticité et l'unique *Poème* qui nous soit parvenu de lui. D'autres suivront, avec une nouvelle version française de ses *Sermons* — les quatre-vingt-six déjà réunis dans la grande édition de Josef Quint et les vingt-neuf que doit prochainement produire Georg Steer, en achèvement de ces travaux.

L'œuvre de Maître Eckhart comporte des écrits rédigés en latin et d'autres en moyen-haut allemand, cette langue populaire, alors en cours d'élaboration, que Eckhart contribua à enrichir en créant un certain nombre de concepts à partir de la langue savante du latin scolastique. Pour faire court, l'on attribuera à l'enseignant le premier de ces ensembles — encore qu'il contienne un certain nombre de sermons — et au prédicateur le second — encore que les traités ici présentés relèvent d'un autre genre littéraire que celui de la chaire. Disciple et par certains côtés successeur de ces géants que sont Thomas d'Aquin et Albert le Grand, Eckhart jeta les bases d'une « somme » théologique en latin de vastes dimensions dont il n'eut loisir de rédiger que quelques fragments erratiques — deux « questions » théologiques et des commentaires scripturaires de la Genèse, de l'Exode, de l'Ecclésiastique, de la Sagesse et de l'Évangile de Jean [1] ; l'autre part de son œuvre, à destination d'un public religieux et/ou populaire largement traversé par des courants mystiques de grande exigence, atteste que ce penseur intrépide a souci de traduire ses intuitions les plus hardies en programme de vie dont il professe qu'il n'est pas réservé à des êtres d'élite — le public de moniales ou de « béguines* » auxquelles il s'adresse le plus communément — mais qu'il intéresse tous ceux qu'attirent les voies du « détachement » et de la liberté intérieure [2]. Deux pans d'une œuvre unique, par conséquent indiscernablement spéculative et mystique sous les accentuations évidentes qu'appellent ici et là les sujets abordés et la qualité de leurs destinataires.

Suivant comme il se doit les conclusions, désormais admises de tous, des travaux de Josef Quint, nous donnerons ici une nouvelle version française du texte qu'il a fixé après un travail gigantesque de critique externe et interne. Comme lui, nous compterons trois traités, le *Livre de la consolation divine* et le sermon *De l'homme noble* étant rassemblés comme les deux parties de ce que l'on a coutume d'appeler maintenant le *Benedictus Deus*, premiers mots de cet écrit ; la seule liberté que l'on prendra par rapport à sa grande édition sera de repousser ce traité biface en seconde position, le faisant précéder des *Discours du discernement* [3], le seul de ces textes à occuper une place assurée dans la chronologie des écrits de Maître Eckhart, à l'orée de ses productions littéraires. Viendra

* Ce mouvement religieux, dans le nord de la France, les Flandres et une large part de ce qui constitue actuellement l'Allemagne et la Suisse, rassemble des femmes qui, parfois aux marges de la communauté ecclésiale, mènent une vie commune laïque, marquée par l'oraison, l'exigence intérieure, une certaine pauvreté et un niveau culturel souvent élevé. Voir à ce propos, en première approche, les chapitres III, IV et V de l'ouvrage de Paul Mommaers intitulé *Hadewijch d'Anvers*, adapté du néerlandais par Camille Jordens, éditions du Cerf 1994.

ensuite, en troisième position, le traité *Du détachement*, et enfin le *Poème*, dit « *Granum sinapis* ». On procédera ici à une présentation succincte de chacun de ces écrits, avant d'exposer quelques-uns des principes qui ont inspiré cet essai de traduction.

I. Discours du discernement [4]

1294 : Johann Eckhart le Thuringien, né vers 1260 dans le bourg de Hochheim, n'a pas encore trente-cinq ans, et déjà vingt sans doute sous l'habit blanc des Dominicains. Ces derniers, de fraîche fondation — tout comme les Franciscains, qui eux aussi ont vu le jour au début de ce siècle — avaient connu un essor rapide, et occupaient une place de choix sur la scène intellectuelle du temps non moins que dans l'œuvre de prédication. Eckhart illustrera magnifiquement l'une et l'autre de ces fonctions. L'ironie du sort voudra pourtant que lui, l'un des plus éminents fils de saint Dominique à cette époque, subisse les rigueurs de l'Inquisition, tout entière aux mains de ses frères en religion.

C'est au couvent d'Erfurt qu'il avait fait ses premières armes dans cette noble milice. C'est en ce même couvent qu'on le retrouve vingt années après, alors qu'il se voit confier la responsabilité des novices et des jeunes étudiants qui à leur tour se vouent à cette aventure. Entre-temps, il a suivi le parcours des candidats les plus prometteurs : d'Erfurt à Cologne, où il vient en 1280 poursuivre ses études dans le prestigieux *Studium generale* fondé par Albert le Grand, et de Cologne à Paris, où il se trouve, étudiant encore et déjà jeune enseignant, dans les premières années de cette dernière décennie du siècle. Cette formation achevée, ayant engrangé les apports différenciés de l'école thomiste de Paris et de la tradition colonaise (Augustin, Denys, mais aussi Avicenne et Maïmonide, sans compter l'influence des courants spirituels de l'époque, savants ou populaires[5]), le voici désormais à pied d'œuvre pour engager une débordante activité d'enseignant, de prédicateur et de responsable d'institution pendant les quelque trente années ou un peu plus qui le séparent de sa mort, survenue à Avignon probablement au printemps de 1328, peu de temps avant sa condamnation par le pape Jean XXII.

Eckhart, qui ne recevra le titre académique de « Maître » que quelques années plus tard, lors d'un second séjour parisien en 1302-1303, revient donc à Erfurt en 1294, avec la double fonction de prieur de ce couvent et de vicaire général de Thuringe. Comme il vient d'être dit, l'une de ses charges consiste à accueillir les jeunes gens qui veulent entrer dans l'ordre dominicain — la coutume est que l'on se présente très jeune, avant quinze ans parfois — et à assurer leur prime formation intellectuelle et spirituelle. Telle est l'origine du premier écrit que nous possédions de sa plume : il s'agit d'un enseignement familier, de libres conversations qu'il menait, précise le titre développé inscrit en tête de ce document, avec les « enfants qui, dans ces entretiens, l'interrogeaient sur beaucoup de choses lorsqu'ils étaient rassemblés pour les conversations du soir* ». Propos sans façon, qui traitent des attitudes de base de la vie en esprit, mais portent déjà la griffe d'un penseur d'envergure qui ne craint pas d'entraîner ces jeunes intelligences vers les sommets — ou les abîmes — d'une expérience vertigineuse.

---

* *in collationibus* : la « collatio », terme latin, désigne une pratique religieuse et conventuelle. Les membres d'une communauté se réunissent autour de leur supérieur, qui « confère » avec eux de façon familière pour exercer à leur égard sa responsabilité d'instructeur et de guide.

L'attention se porte d'emblée sur le titre de ces pages lumineuses : *Die rede der underscheidunge.* On le rend ordinairement par *Instructions spirituelles* ou encore *Entretiens spirituels.* En fait, le terme de *underscheidunge*, dans la ligne de la *discretio* des scolastiques[6], désigne l'acte de l'esprit qui permet d'engager un choix de vie en opérant une « différenciation » ou « distinction » entre diverses attitudes au sein d'une situation donnée — ce que deux siècles et demi plus tard l'on appellera le « discernement », dans la mouvance d'Ignace de Loyola et de ses *Exercices spirituels*[7]. Quant au premier des vocables de ce titre, *rede*, il désigne toute sorte de « discours », tout type d'argumentation, tout développement ordonné qui analyse en l'occurrence les raisons de se décider pour telle ou telle option. Le côté familier de ces entretiens, souligné dès l'exergue de l'écrit, le situe au plus près de ce que nous appelons une causerie, une conversation libre de forme, attentive aux interrogations qui se font jour en chemin, et ne dédaignant pas de prendre parfois l'allure explicite d'un développement par questions/réponses (ainsi des chapitres 6, 21, 23). Toutes raisons qui incitent à retenir le titre *Discours du discernement* — en comprenant bien qu'il ne s'agit pas d'un traité *sur* le discernement, mais d'une pratique effective *du* discernement portant sur des points concrets de doctrine ou de vie. En somme, Eckhart s'adresse à des novices dans les voies de l'esprit ; il les rejoint dans leurs incertitudes sur la façon de se conduire dans des situations complexes, prévient leurs erreurs, éclaire leur jugement, et leur indique, à cette croisée de chemins, la voie la plus appropriée pour atteindre — ce qui pour lui est tout un — à la vérité de leur être et à l'union à Dieu. On ne trouvera pas là, pour autant, d'injonctions d'ordre ascétique ou moral : dès ce premier traité, le Maître place ses jeunes auditeurs devant les exigences proprement *ontologiques* qui découlent de la reconnaissance de ce que Dieu est « tout ».

Contexte qui explique certaines caractéristiques de cet écrit, tant sur le plan de la forme que sur celui du contenu [8]. À première lecture, l'impression prévaut que l'auteur ne s'est pas astreint à un plan préconçu, mais qu'il entrecroise des motifs divers, allant et venant d'un sujet à un autre, ne craignant ni redites, ni reprises, ni thèmes intercalés, au hasard des questions qui fusent de son auditoire. Les constantes, car il en est, sont à chercher, en cet entrelacs, du côté d'une doctrine de grande fermeté, déjà animée par des options ultimes, souvent originales, toujours à finalité libératrice. Cependant, malgré cette relative dispersion, un examen plus attentif permet de déceler des ensembles de cohérence certaine, une véritable progression même : d'emblée les attitudes fondamentales du *détachement*, de la *déprise*, de l'*abandon* (ou du *laisser)* ; puis un enseignement qui n'alla pas sans inquiéter les juges de Cologne et d'Avignon, dans la mesure où il touche ce que l'on pourrait appeler la lecture positive de l'inclination au *péché* et même de la *faute* commise ; enfin une doctrine touchant la production des *œuvres*, dans leur dimension intérieure et extérieure. Les différents chapitres s'enchaînent souvent par des sortes de mots-agrafes, le thème à venir étant annoncé d'un mot à la fin du développement précédent.

Cet ensemble est porté par un « ton » bien particulier : mélange de familiarité — aux antipodes d'une démarche doctorale — et d'affirmations tranchées ; en somme, la voix d'un aîné qui, avec assurance et autorité, s'adresse à des débutants en se refusant à les surcharger de préceptes ou de pratiques. Il s'en tient donc à l'essentiel : obéissance, prière, œuvre, zèle, pratique de la confession et de la communion, intention droite. Le style est direct, sans détour, pratiquant avec naturel l'alternance des discours à la seconde et à la troisième personne, le « tu » et le « il » désignant tour à tour l'interlocuteur direct ou « l'homme qui... ». Voilà qui favorise la vivacité des reparties, et prend parfois la forme d'un dialogue pétillant que l'on dirait saisi sur le vif. Tout cela pourtant non exempt de noblesse, l'occasion l'appelant, et même de solennité : à son accoutumée, Eckhart excelle à enclore une perspective d'unité et de totalité dans l'orbite d'un mot, et parsème en conséquence son propos d'expressions frappées, quasi aphoristiques. Quelques exemples parmi d'autres : « En obéissance vraie, l'on ne doit pas trouver "je veux comme ci ou comme ça", ou "ceci ou cela", mais un limpide sortir de ce qui est tien » (n° 1). « L'esprit dépris peut toutes choses » (n° 2). « Autant tu sors de toutes choses, autant, ni plus ni moins, Dieu vient avec tout ce qui est sien, tout comme tu es sorti en toutes choses de ce qui est tien » (n° 4). « Celui qui est bien avec lui-même, en vérité il est bien en tous lieux et près de toutes gens » (n° 6). « Il est rare de trouver que les gens en arrivent à de grandes choses à moins d'avoir failli tout d'abord en un point » (n° 12). « Amour ne se peut méfier, il se fie à tout bien » (n° 15). Et encore, réconciliant les contraires en leur signification symbolique : « Plus l'abîme est profond et bas, plus haute aussi et démesurée l'élévation et la hauteur, et plus le puits est profond, plus aussi il est haut ; la hauteur et la profondeur sont une seule chose » (n° 23). Procédé si constant qu'il décourage la citation : peut-être dépend-il en partie du mode de fixation et de transmission de ces textes, mais on peut l'attribuer plus sûrement encore à une tournure d'esprit d'Eckhart lui-même. Ajoutons que la solennité qui fut évoquée se traduit parfois par des développements plus construits qui prennent l'allure de sortes de sermons incorporés, ponctués par un « Amen » révélateur (nos 20 et 23).

Le maître spirituel montre son humanité, non moins que sa liberté intérieure, dans l'attention qu'il porte aux besoins de chacun. Rien en tout cela d'un traité général et seulement théorique. Eckhart sait à merveille développer un discours qui côtoie l'universel en se situant au niveau des principes tout en réservant une marge à l'intelligence personnelle qu'il convient d'en faire. On le devine attentif à répondre à toute instance introduite par tel de ses auditeurs, prêt à moduler sa réponse en fonction des demandes qu'il perçoit, avec un sens avéré de la psychologie humaine et de ses détours. Il ne se lasse pas de souligner l'originalité absolue de chaque destinée — « tous les hommes, écrit-il, ne peuvent avoir une seule manière, ni un homme toutes les manières et celles de chacun » (n° 17) ; cela néanmoins ne saurait mener à quelque solitude ou appauvrissement, car à suivre sa propre voie, précise-t-il, on est participant de toutes les excellences illustrées par d'autres : Dieu en effet a donné à toute « manière bonne » une égale capacité au regard de ce qui est vrai, et n'a pas lié le salut des hommes à une quelconque manière particulière. « Que chacun donc tienne à sa manière bonne et puise en elle toute manière et saisisse dans sa manière tout bien et toute manière. » Affirmation capitale, qui met à mal dans son principe toute velléité de comparaison et remet chacun à l'originalité de son propre destin.

Face à cette liberté de ton, il serait vain d'exiger de ce traité qu'il se présente selon une structure aisément repérable. En fait, le développement s'opère par des glissements de sens presque imperceptibles, une sorte de mouvement interne large et lent, ce qu'un cinéaste appellerait une succession de « fondus-enchaînés ». Le découpage en chapitres n'est pas exempt de certain arbitraire ; d'un développement à l'autre le fil ne se rompt pas, et les titres précis sous lesquels s'inscrivent ces développements constituent plus une reprise de souffle ou un léger infléchissement qu'un changement d'objet ou une modification de la trajectoire. Sans reprendre ici dans leur enchaînement le contenu de ces vingt-trois divisions — la table des matières en donne une nomenclature suffisamment claire —, on tentera d'opérer certains regroupements thématiques qui expriment des constantes, voire de véritables lignes de force.

Le coup d'archet du texte pourrait donner le change. Insister d'emblée sur l'obéissance et sur la prière, quand on s'adresse à de jeunes esprits réceptifs et malléables, n'est-ce point les engager dans une approche « ascétique » des réalités spirituelles, et mettre à la base de tout un certain décentrement de la liberté qui pourrait être entendu comme une abdication de la responsabilité propre ? Très vite pourtant, Eckhart dévoile le paysage au sein duquel ces pratiques doivent trouver sens : l'obéissance *véritable*, la prière *la plus forte* et l'œuvre *la plus élevée* se découpent sur l'horizon des dispositions ultimes que sont le « se laisser soi-même », le détachement de soi qui est attachement à Dieu et possession de Dieu, la sortie de soi, la culture de l'intellect, le zèle bien mesuré. Toutes qualifications d'ordre métaphysique-mystique qui entraînent bien au-delà (ou en deçà) du moralisme, et qui relèvent d'une *logique ontologique* ; sous cet éclairage, l'ensemble du traité, avec le classicisme de ses affirmations et la fulgurance des motifs qu'il met en jeu, peut être tenu pour une sorte de discours-programme qu'expliciteront les autres écrits et les sermons à venir. La flèche est envoyée d'un coup au centre de la cible ; en sorte que le meilleur commentaire de ces premières pages passe à chaque instant par une relecture des propos les plus hardis contenus dans le *Livre de la consolation divine* et dans le traité *Du détachement*.

Trois thèmes plus précis sont alors touchés, qui interviendront de façon récurrente et croisée dans le reste du développement : l'accomplissement de l'*œuvre*, « de la façon la plus conforme à l'intellect » (n° 7, qui sera repris et développé sous les n°s 19 et surtout 23) ; une approche positive de l'inclination au *péché* (n° 9), qui sera relayée audacieusement par des affirmations touchant au bénéfice que peut procurer le fait d'avoir péché (n°s 12, 13 et 16) ; enfin, des considérations capitales sur l'importance qu'il faut attacher à l'existence d'une *volonté bonne*, et sur le pouvoir quasi absolu dont elle se trouve dotée par rapport à l'exercice des vertus, avec à la clef une défiance prononcée vis-à-vis de l'immédiateté du sentiment (n° 10).

D'autres séquences moins appuyées peuvent être décelées : le thème du *zèle* (n°s 8 et 21), celui de la *vie éternelle* ou de la *vie bienheureuse* (n°s 15 et 16), celles de la *confiance* et de l'*espérance* (n° 14) associées à une *paix* des profondeurs (n°s 17 et 19). La dimension concrète de la réflexion et de l'enseignement se traduit aussi dans l'attention portée à des situations particulières, révélatrices d'une justesse de regard : que faire quand disparaît la consolation sensible et que Dieu semble se cacher (n° 11) ? Comment rester en paix lorsqu'on se trouve empêché d'accomplir de grandes œuvres (n° 17) ? Et encore : comment être vrai quand la vie vous ménage des choses agréables (n° 18) ? Comment en cela et en toute autre circonstance suivre Dieu en vérité dans l'action (n° 22) ? Pour ne point parler d'un long développement, incisif de forme, qui préconise hardiment la communion fréquente[9] et répond aux objections que l'on peut formuler, par mésestime de soi, à l'encontre de cette pratique (n° 20).

Une large part de ces conseils a trait à ce que l'on pourrait appeler l'intériorité de l'œuvre. Eckhart n'a rien d'un spirituel abstrait, qui demanderait que l'on se replie sur une « profondeur » ineffective. Pour autant, il ne cesse d'affirmer la supériorité de l'*être* sur le *faire* — « car ce ne sont pas les œuvres qui nous sanctifient, mais c'est nous qui devons sanctifier les œuvres » (n° 4). Mise en garde contre un excès d'extériorité non clarifiée ; elle a pour répondant un égal désaveu de la pensée qui construirait un monde en rupture de réalité, un monde purement imaginaire — surtout lorsqu'il est question de l'ultime ! Non, se satisfaire d'un « Dieu pensé », c'est s'exposer à ce qu'il passe aussi lorsque passe la pensée ; selon une expression sobre et forte, ce qu'il faut c'est avoir « un Dieu dans l'être » (n° 6), un Dieu rejoint dans la force de sa plénitude ontologique. Un Dieu ami de l'être et de sa croissance (n° 8) — car « il n'est rien en Dieu qui détruise aucune chose qui ait quelque part d'être, mais il est celui qui accomplit toutes choses » (n° 22). Et qui les accomplit précisément en les faisant croître, ce qui implique un dépassement de toute perspective purement substantielle et l'identification entre être et devenir. Commentant le mot de l'Évangile selon lequel celui qui veut *être* le plus grand doit *devenir* et se faire le plus petit, Eckhart écrit : « Qui veut être cela doit devenir ceci. Cet être n'est trouvé que dans le devenir. Qui devient le plus petit, celui-là est en vérité le plus grand : mais qui est devenu le plus petit, celui-là est dès maintenant le plus grand de tous » (n° 23).

Qui voudrait ne retenir qu'une seule orientation de pensée présente au travers de tous ces développements la cherchera du côté de certaine passion pour la cohérence entre l'intériorité et l'extériorité, sous l'égide d'une « volonté droite », magnifiée en particulier dans les chapitres 10 et 11. Dans les derniers développements, où le souffle se fait plus long, la concentration des thèmes laisse transparaître clairement cette inspiration. Rien ne saurait être obstacle à qui garde la rectitude du cœur — ni circonstances, ni sécheresse, ni facilité ni difficultés, et pas même les insuffisances propres durement ressenties. En vérité, « l'homme ne doit jamais d'aucune manière s'appréhender loin de Dieu, ni en raison de fragilités, ni en raison de faiblesses, ni en raison d'aucune chose » (n° 17). Etre *gereht* — comme il faut, comme il convient, accompli dans la justice et la droiture —, c'est vivre en liberté, sans être déterminé par ceci ou par cela, abondance ou disette : oui, « celui-là serait comme il doit être qui recevrait aussi bien dans la privation que dans la possession » (n° 23).

Sont-ce là des conseils pour débutants ? Au vrai, qu'est-ce qu'un « débutant » ? Eckhart ne pense pas qu'il lui faille se contenter de pas incertains ; il veut que celui qui l'écoute marche de façon assurée dès le premier instant. C'est cela qui le fait revenir, à temps et à contretemps, sur la nécessité d'une « volonté bonne » et d'une « intention droite ». Cela gagné — et ce peut être l'affaire d'un instant —, il n'est plus rien qui puisse faire obstacle. Au fond, c'est encore et toujours le *détachement* qui se propose comme la clef musicale d'une vie et de la partition en laquelle elle se doit écrire. D'où l'urgence qui traverse ces textes, et l'impatience dont ils font preuve vis-à-vis de cette disposition fondamentale — aussi bien initiale que terminale. C'est par là en effet que l'on coïncide avec la réalité ultime qui tient en ce que Dieu est tout, que lui seul *est*, qu'*il n'y a* que Dieu.

II. Benedictus Deus

1. Le livre de la consolation divine

Le second des traités de Maître Eckhart rassemble *Le livre de la consolation divine* et le sermon *De l'homme noble* sous le titre général de *Benedictus Deus*, premiers mots de l'exergue inscrit par Eckhart en tête de cet écrit. Présentation conforme à celle dont Josef Quint a fait choix dans son édition de référence : elle s'autorise du lien explicite que Eckhart lui-même établit entre les deux parties de cet ensemble lorsqu'il écrit dans tel passage de la *Consolation divine* : « Concernant la manière dont le plus intime et le plus élevé de l'âme crée et accueille [le] Fils de Dieu et [le] devenir-fils-de-Dieu dans [le] sein et [le] cœur du Père céleste, cherche-la à la fin de ce livre, là où j'ai écrit "à propos de l'homme noble qui partit dans un pays lointain s'acquérir un royaume et pour revenir[10]." » Ainsi se trouve précisée la connexion organique qui rapporte l'un à l'autre ces deux textes, le second d'entre eux venant en explicitation et/ou en prolongement d'un point essentiel que le premier, au gré de l'auteur, n'a pas traité de façon suffisante.

La date et les circonstances de la composition du *Benedictus Deus* demeurent enveloppées d'un certain mystère[11]. Sur la foi d'une référence explicite présente dans les attendus du procès de Cologne, on a longtemps admis que la destinataire de ce texte était la reine de Hongrie, Agnès, épouse du roi André. Celui-ci était mort en 1301, et la reine avait alors connu la disgrâce de la pauvreté et de l'exil. Elle trouva refuge près de son père, le duc Albert d'Autriche, qui était devenu empereur en 1298. Un second malheur la frappa en 1308 lorsque ce dernier fut assassiné par son neveu Jean, fils de son frère Rodolphe. Son existence malheureuse fut encore assombrie, en 1313, par la mort de sa mère Élisabeth. Tous renseignements glanés dans le témoignage d'une religieuse du couvent suisse de Töss, Elsbet Stagel, rédactrice de la *Vie* de Suso, qui avait connu là une autre Élisabeth, fille d'un premier mariage du roi André, devenue elle aussi moniale en ce couvent.

La critique récente penche pour une rédaction tardive de ce traité, qu'elle repousse dans la décennie 1313-1323, alors que Eckhart résidait à Strasbourg. Du coup, l'on remet en question également le nom de la destinataire, en soulignant aussi la portée universelle de l'enseignement contenu dans ces pages[12]. Ce qui est certain, c'est que la doctrine qui s'y trouve exposée rejoint les propos les plus ultimes qu'Eckhart ait élaborés, qu'il s'agisse du traité *Du détachement* ou du Sermon 52 sur la pauvreté en esprit, et qu'elle s'expliquerait mieux, en certaines de ses formulations (en particulier ce qui concerne le vocabulaire de l'*image*), après la seconde période d'enseignement à Paris, en 1311-1313. Ajoutons qu'à Strasbourg Eckhart dispose probablement de plus de temps pour se livrer à une telle rédaction qu'il n'en pouvait avoir au milieu des charges institutionnelles qui l'absorbèrent entre 1303 et 1311. Rien ne dit pourtant que, rédigé vraisemblablement vers 1315 ou même après, ce traité, dans lequel on a vu avec vraisemblance « le creuset de l'enseignement d'Eckhart à Strasbourg[13] », n'ait pas eu pour point de départ une situation singulière.

Quoi qu'il en soit, Eckhart s'inscrit là dans une tradition philosophique et littéraire marquée par le grand courant stoïcien, repris selon les canons de la foi chrétienne. On songe bien sûr au *De consolatione philosophiae* de Boèce, composé au début du VIe siècle ; avec une différence qui s'impose d'emblée, et qui commande plus qu'une nuance : Boèce, écrivant en prison, s'encourageait d'abord lui-même, et tirait de son malheur des propos qu'il estimait utiles à d'autres ; Eckhart, quant à lui, développe des considérations qui ont d'abord valeur d'enseignement et sont tout entières tournées vers le bien de lecteurs qu'il provoque dans leur intelligence pour clarifier leur regard. Sans que doive être écartée pour autant l'hypothèse d'une expérience personnelle, que l'on pourrait fonder sur telle déclaration contenue dans la dernière page de ce texte ; il faudrait la citer en entier, tant elle est pleine d'émotion contenue... Mais rappelons le contexte.

Eckhart est allé au bout de son inspiration. Il introduit une conclusion familière, avant que de relancer un instant le discours pour une sorte de *post-scriptum* qui lui tient manifestement à cœur : « Avec cela ce livre prend fin. Pourtant je veux encore dire deux mots[14]. » Il engage d'abord un nouvel argument, qui aurait pu trouver place dans l'énoncé des motifs de consolation dont la seconde partie dressa l'inventaire : quelle confusion pour un « homme bon » s'il se trouve moins désireux de gagner le bonheur éternel que le marchand de poursuivre l'éventualité d'obtenir un gain périssable ! Vient alors le second additif, où il est difficile de ne pas entendre une plainte, l'écho d'une souffrance personnelle : « Maints esprits grossiers diront que nombre de paroles que j'ai consignées dans ce livre et ailleurs aussi ne sont pas vraies. » Ils le diront, peut-être l'ont-ils déjà dit. N'est-ce point l'indice qu'a commencé pour lui la sarabande des soupçons et des dénonciations ?

Il est vrai qu'en l'occurrence Eckhart ne tend pas l'échine, mais opère une contre-attaque vigoureuse. Dans cette page enflammée, on glanera simplement quelques exemples de mots où la colère le dispute à la tristesse : « Qu'y puis-je s'il s'en trouve qui ne le comprennent pas ? [...] Il me suffit que en moi et en Dieu soit vrai ce que je dis et écris. » Et encore : « Celui qui l'ignore, celui-là rit et se moque de moi, et j'ai miséricorde de lui. Mais des gens de cette venue veulent contempler et goûter choses éternelles et œuvres divines et se tenir dans la lumière de l'éternité alors que leur cœur voltige, tantôt hier, tantôt demain. » Certes, il faut savoir affronter les incompréhensions, dans l'espoir que tirent profit de là ceux qui ont appétit de connaître — « car on instruit les ignorants pour que d'ignorants ils deviennent instruits ». Pourtant, cela posé, « s'il est quelqu'un qui entend cette parole de façon erronée, que peut à cela l'homme qui dit justement cette parole qui est juste ? ». Et de se référer à rien moins qu'à l'exemple du Christ, dont les paroles « ont été perçues souvent de façon erronée ». Colère par conséquent, et plus sûrement encore lassitude. Reste la tendre obstination de qui ne se laissera pas, quoi qu'il arrive, détourner du devoir de dire et de redire ce qu'il *sait* être vrai. Dût-il en souffrir, jusqu'à y laisser sa réputation ou sa vie. Voilà qui donne la mesure d'un détachement plein de vigueur, aux antipodes de la peur et de la démission.

Avant d'analyser la structure de ce traité, il importe de dire quelque chose de son titre même : *Daz buoch der götlîchen troestunge.* Le terme de « consolation », dans les *Discours du discernement,* n'a pas été pris, le plus souvent, en bonne part. Il s'agissait alors de mettre en garde de jeunes esprits contre l'attrait bien normal chez eux à l'égard des facilités que connaît souvent le sentiment dans les premiers temps de la vie spirituelle. Après le lait maternel, il faut apprendre, dira Jean de la Croix, à se nourrir de « viandes » plus communes et moins délicieuses. En somme, l'on ne doit ni s'étonner ni s'attrister d'être privé de réconfort et d'enthousiasme, jusqu'à connaître parfois la disgrâce apparente de l'aridité. C'est alors la consolation qui se trouve sujette à caution : d'une certaine façon, il convient de s'en garder, de peur qu'elle ne s'interpose entre l'homme et Dieu — plus : qu'elle ne prenne le pas sur « Dieu seul ».

Tout autre la situation à laquelle il est ici répondu. Il s'agit de quelqu'un qui, contre son gré, à tout le moins en première instance, se voit en butte à une souffrance de grande ampleur, dans l'un ou l'autre des domaines que Eckhart énumère dès l'exorde de son discours : « Il est, prononce-t-il avec quelque solennité, trois sortes d'afflictions qui touchent l'homme et l'oppressent dans cet exil. L'une est liée à la pénurie de biens extérieurs. L'autre est liée à ses parents et à ses amis. La troisième est liée à lui-même quant au mépris, quant à l'épreuve et quant aux douleurs du corps et quant à la souffrance du cœur[15]. » Échelle croissante peut-être : le troisième de ces cas, qui frappe un individu dans ce qui peut constituer sa raison de vivre, n'est pas sans rappeler l'écho assourdi d'une souffrance personnelle dont Eckhart nous fait confidence dans la dernière page de son écrit. À ceux qui se trouvent dans ces tourments, il faut redonner confiance, éviter qu'ils ne se croient rejetés ou réprouvés, leur inspirer estime de l'état nouveau en lequel ils sont entrés par grâce, les aider en somme à se réjouir de se trouver admis en ces « pays » de souffrance, arpentant sans illusion possible les voies de la purification et du vrai détachement. D'où la positivité reconnue à cette consolation vraiment *divine* qui n'est pas l'*autre* espéré d'une souffrance honnie, mais une manière avisée de se tenir en elle. Où se vit, de manière fort concrète, certaine unité des contraires, soustraite aux aléas du sentiment et transposée sur le plan des réalités fondamentales : en vérité, il n'est rien, et pas même la souffrance, qui à l'homme rectifié puisse ravir une paix des profondeurs. La *paix* que déjà les *Discours du discernement* donnaient comme pierre de touche de toute déprise véritable et signe indubitable de Dieu. La paix qui, au terme de ces pages, jaillit au point de rencontre *intérieur* entre l'austérité du vrai et certaine tendresse des profondeurs : « Que le Dieu de douceur et d'amour, la vérité, me donne, ainsi qu'à tous ceux qui doivent lire ce livre, de trouver en nous la vérité et d'y être attentifs. Amen [16]. »

La maturité mystique et spéculative de ces pages se laisse percevoir aussi bien dans la cohérence du contenu — marqué comme jamais par l'affirmation de l'uni-totalité *ontologique* de Dieu, en lui-même et dans son unité avec l'homme et le monde — que par la fermeté de la construction du texte, qui conjugue à merveille la souplesse et la rigueur. Trois parties d'inégale longueur, la première et la dernière encadrant un long développement qui rassemble, presque au hasard d'un imaginaire de grande liberté, « environ trente articles et enseignements où dans chacun l'on peut se consoler vraiment et totalement [17] ». De nature plus fondamentale, la première partie, quant à elle, expose « quelque vérité d'où l'on prendra ce qui légitimement et entièrement peut et doit consoler l'homme dans toute sa souffrance » ; quant à la troisième partie, elle livre, en conclusion de l'ensemble, « des exemples en œuvres et en paroles que des gens sages ont accomplies et énoncées lorsqu'ils étaient dans la souffrance ». Trois tentatives, trois étapes ordonnées à l'atteinte d'une même fin : il s'agit de « consigner en ce livre quelque doctrine dans laquelle l'homme puisse se consoler dans toute épreuve sienne, affliction et souffrance ». *Enseignements, doctrine* : le dessein avoué porte sur la communication d'un savoir, non point tant selon l'objectivité d'une transmission de type scientifique que dans la chaleur communicative d'une expérience qui ambitionne de rejoindre une autre expérience. Avec les accentuations successives qu'implique la netteté du plan annoncé et suivi : une première partie d'ordre doctrinal, une seconde qui prend les allures d'une argumentation de type rhétorique, une troisième enfin où l'exhortation devient leçon de choses en se parant de la séduction d'exemples vécus.

1. Une nouvelle fois, c'est par une visée d'ordre ontologique que Eckhart entame sa réflexion. Il apparie, jusqu'à les identifier, les qualificatifs humains de *bon*, de *vrai*, de *juste*, de *sage*, et les paradigmes divins de *bonté*, de *vérité*, de *justice* et de *sagesse* — véritables noms propres de Dieu lui-même. Une liste qu'il complète de façon sublime en affirmant que cette unité entre Dieu et l'homme est celle même « du Fils de Dieu et de Dieu le Père[18] », et qu'elle concerne, ici et maintenant, « tout ce qui est né de Dieu et n'a pas de père sur terre, [...] en quoi il n'est d'autre image que Dieu seul nu limpide ». « Bon et bonté ne sont rien qu'une bonté, une en tout excepté le fait d'engendrer et d'être-engendré ; pourtant l'engendrer de la bonté et l'être-engendré dans l'homme bon est un être, une vie. » À l'appui de cet enseignement, Eckhart ne craint pas d'en appeler aux paroles du Christ où s'exprime son unité avec le Père — pour lui mettre enfin ces paroles sur les lèvres en les appliquant aussi bien à l'homme : « Tout ce qui est du Père, cela est mien, et tout ce qui est

mien et de moi, cela est de mon Père : sien en tant que donateur et mien en tant que récepteur. »

La condition de pareille identité, c'est que l'homme soit pleinement « détaché », comme Dieu lui-même est détaché. « C'est pourquoi l'homme doit être zélé à se déprendre de l'image de soi-même et de toutes créatures, et à ne savoir de père que Dieu seul ; ainsi rien ne peut le faire souffrir ni le troubler, ni Dieu ni créature, ni créé ni incréé, et tout son être, vie, connaître, savoir et aimer, est à partir de Dieu et en Dieu et Dieu [19]. » Affirmation de base qui sera relayée dans la seconde partie du livre : lorsque la racine de l'homme se trouve en Dieu seul, lorsque sa vie n'est autre qu'une reconnaissance de ce qu'il n'y a que Dieu, c'est que lui-même se trouve identifié dans son principe à celui en qui il discerne alors la vérité de son être : parce qu'il est « à partir de Dieu » et « en Dieu », il n'est rien moins que « Dieu » lui-même [20].

Un dernier point d'importance a trait à ce que l'on pourrait appeler la « métaphysique de l'image » présente en ce traité comme en bien des sermons. Il faut que l'homme, vient-on de lire, sache « se dépouiller de l'image de soi-même et de toutes créatures [21] ». Dépris de l'image du temps — *entbildet* — il pourra être et sera du même coup *überbildet*, c'est-à-dire qu'il revêtira l'image de l'éternité, celle dont il a connaissance et participation dans l'acte par lequel le Père engendre son Fils, et en lui l'homme et le monde.

2. La seconde partie de cet écrit, débordante d'invention, comporte, comme on l'a vu, « environ trente articles et enseignements » — un peu moins peut-être si l'on tente d'en faire le compte, mais leur délimitation exacte est parfois malaisée. Chacun d'eux se présente comme une totalité insécable, et suffirait à obtenir le but souhaité s'il était lu à son véritable niveau de profondeur et dans ses dernières implications : dans chacun en effet, est-il annoncé, « l'on peut se consoler

vraiment et totalement ». Par le jeu de cette accumulation rhétorique, Eckhart cherche sans doute, sinon à forcer l'assentiment, du moins à le solliciter avec insistance. Dans cette symphonie d'arguments, ce serait bien le diable si chacun ne pouvait en découvrir l'un ou l'autre qui parle à son intelligence ou à sa sensibilité ! Et comme tous sont d'égale portée, la fin recherchée sera toujours atteinte... C'est pourquoi l'on puise à toutes les sources possibles et imaginables : bon sens et sublimités, arguments triviaux et facéties, sourire et émotion, appel à l'Écriture et multiples exemples pris à la vie quotidienne, référence aux saints et aux maîtres païens[22], appel aux connaissances scientifiques de l'époque et évocation des mœurs de la société chevaleresque. On fait feu de tout bois, avec une largeur de vues à la fois confondante et rafraîchissante.

La vivacité du style multiplie les adresses, en mêlant le je, le il, le tu, le nous. Il s'agit d'éclairer, mais surtout d'entraîner. Un torrent qui tout emporte. Ici ou là, une réussite littéraire : tels symboles, dont il est difficile de dire s'ils proviennent d'une invention personnelle ou s'ils se trouvent reçus de traditions antérieures, largement repris en tout cas par les siècles postérieurs ; ainsi chez Jean de la Croix, qui fait écho, direct ou indirect, à l'image de la pierre, que sa force intérieure entraîne vers son lieu et qui ne cesse d'y tendre, par son poids intérieur, même quand elle repose sur le sol[23] ; ainsi encore de la parabole de la bûche et du feu : c'est la même puissance transformante qui commence par faire souffrir le bois avant que de le convertir en soi et de le consumer en flammes[24].

Significatif un point de grande audace que les juges d'Avignon condamnèrent de façon explicite. L'article 14 de la bulle *In agro dominico* déclare en effet « hérétique » la proposition suivante : « [...] Puisque Dieu veut, en quelque sorte, que j'aie péché, je ne voudrais pas ne pas avoir commis de péchés, et c'est là la vraie pénitence[25] ». Raisonnement par l'absurde. Appuyé sur une hypothèse limite, il ne nous transporte pas dans ce qui serait *en Dieu* une volonté positive à l'égard du mal — pour une destruction de l'homme qui serait auto-destruction de Dieu lui-même — mais tente de montrer jusqu'où, *en l'homme*, doit aller la remise de soi à l'absolu de ce qui est : s'il se trouvait (« en quelque sorte » , de quelque manière) que Dieu ait eu ce vouloir — et cela, après tout, ne peut-il s'entendre, dans une visée pédagogique, s'il s'agit de provoquer l'homme au détachement de lui-même ? —, ne devrais-je pas faire mien ce qui serait alors l'expression d'une économie de miséricorde ?

Eckhart, qui ne se lasse pas de souligner que Dieu est tout, que rien de ce qui advient ne peut être extérieur à lui, vient de rappeler le « bienheureux les pauvres en esprit » de l'Évangile ; cette pauvreté requiert de l'homme qu'il soit disposé à voir la volonté de Dieu s'affirmer sur la terre, c'est-à-dire en lui, *comme* au ciel, c'est-à-dire, précise le texte, « en Dieu lui-même ». C'est alors qu'il ajoute : « Un homme de cette venue est à ce point une seule volonté avec Dieu qu'il veut tout ce que Dieu veut, et de la manière dont Dieu le veut[26]. » Le reste n'est qu'une conclusion : du temps à l'éternité, il se peut que s'inscrive une inversion des valeurs — la volonté de Dieu advenant sur la terre par le « méfait » *que j'ai commis* (non pas celui *que je commets*, ce qui serait consentement au mal *actuel)* tout comme elle s'affirme au ciel dans le « bienfait » que Dieu a dessein de réaliser par là. D'autres saints ont osé affirmer que, *si* Dieu me voulait en enfer, je devrais consentir à ce décret ; hypothèse qui porte bien plus « absurdement » sur l'existence actuelle et durable d'une volonté de mort en Dieu — alors que Eckhart ne voit dans la relecture du passé qu'il propose que l'occasion d'un regard sur le mal qui soit exempt de souffrance orgueilleuse ou de vanité blessée : « Ainsi le péché m'est-il souffrance sans souffrance, tout comme Dieu a de toute malignité souffrance sans souffrance[27]. » Nul laxisme en cela pour le présent ou l'avenir, « car je ne commettrais pas de péché à cause de tout ce qui est créé et créable, même s'il pouvait y avoir mille mondes éternels » ; mais l'expérience d'une souffrance « sans souffrance », dans la mesure où le déplaisir que j'éprouve n'est alors qu'une participation à celui que Dieu connaît lui-même, et qui ne peut que s'inscrire dans un dessein de vérité et de vie. « Souffrance de cette venue est seule souffrance parfaite, car elle provient et jaillit du limpide amour de la bonté la plus limpide et joie de Dieu. »

Est encore affirmée la prévalence de l'« œuvre intérieure » sur toute réalisation, quelle qu'elle soit — car celle-ci ne saurait tirer sa bonté que d'une volonté droite ; il suit de là que « l'œuvre extérieure ne peut jamais être petite si l'intérieure est grande, et l'extérieure ne peut jamais être grande ni bonne si l'intérieure est petite ou n'a pas de valeur[28] ». La bonté de l'œuvre extérieure n'est donc que dérivée : « Elle prend sa bonté divine par l'intermédiaire de l'œuvre intérieure » — tandis que celle-ci, qui « puise tout son être nulle part ailleurs que dans le cœur de Dieu », « prend le Fils et se trouve engendrée comme Fils dans le sein du Père céleste » ; et c'est pourquoi elle « a de tout temps inclus en elle toute grandeur, toute largeur et longueur ». Un enseignement qui est déjà largement celui des *Discours du discernement.*

Déterminante en ce sens la perspective de ce que l'on pourrait appeler une christologie unitive. Référence est souvent faite — plus qu'ailleurs peut-être — aux paroles de « Notre-Seigneur[29] ». Ainsi s'entend l'injonction faite à l'homme de suivre le Christ en prenant sur lui sa croix ; c'est comme s'il s'entendait dire : « Deviens fils comme je suis Fils, Dieu-né, et le même Un que je suis, que je puise en habitant, en demeurant dans le sein et [le] cœur du Père[30]. » C'est qu'il n'est d'autre accès à Dieu que celui d'une filiation dans le Fils : « Personne ne vient réellement au Fils, en tant qu'il est Fils, que celui qui devient fils, et personne n'est là où est le Fils, qui est dans le sein et [le] cœur du Père, un dans le Un, que celui qui est fils. »

Selon pareille visée, Dieu et l'homme ne font pas nombre, pas plus que le Fils et le Père dans le Un de la déité. Sur ce thème du Un, Eckhart est intarissable. « Plus nous sommes éloignés du Un, affirme-t-il, moins nous sommes fils et Fils, et moins parfaitement l'Esprit-Saint jaillit en nous et flue de nous ; et dans la mesure où nous sommes plus proches du Un, dans cette mesure nous sommes plus vraiment fils de Dieu et Fils, et aussi flue de nous Dieu-le-Saint-Esprit[31]. » Évoquant la parole du prophète en laquelle Dieu annonce son désir de conduire l'homme au désert — ce *désert* qui est pour lui un véritable nom propre, identique à la « déité[32] » — pour lui parler au cœur, Eckhart commente : « Cœur à cœur, un dans Un, voilà ce que Dieu aime. Tout ce qui y est étranger et lointain, Dieu le hait. C'est vers le Un que Dieu attire et entraîne. » Étendant à la totalité du cosmos cette relation première et dernière entre Dieu et l'homme, le Maître ajoute : « C'est le Un que recherchent toutes créatures, même les créatures inférieures recherchent le Un, et c'est le Un que trouvent les supérieures : entraînées par-delà la nature et transformées, elle recherchent le Un dans le Un, le Un en lui-même. »

Une finalité qui n'est pas fusion. Faut-il rappeler ce qui s'avère un point central de la logique ou de la métaphysique eckhartienne ? Unité pour lui n'est pas unicité. Bien au contraire. Parce que l'unité est *intrinsèquement* de l'ordre de la relation — et parce que la substance, dans cette pensée, est toujours en rapport à soi-même comme totalité, c'est-à-dire comme *autre que soi* —, cette unité, de façon structurelle, est articulation du Un *à lui-même comme multiple*, selon ce principe de base qui met à mal toute représentation où prévaudrait une juxtaposition des termes : « Amour a pour nature sienne de fluer et de jaillir à partir de deux en tant que un. Un en tant que un ne donne pas amour, deux en tant que deux ne donne pas amour : deux en tant que un donne nécessairement amour naturel, impérieux, ardent[33]. » Multiplicité du Un qui ne met pas en échec l'unité, mais réinscrit toute réalité, délivrée de la dispersion qu'elle connaît dans le temps, dans la simplicité de l'origine. Cela, selon cet autre principe de portée véritablement ontologique : Dieu est un « Un limpide sans aucune multiplicité contingente de différence, ne fût-ce qu'en pensée, du fait que tout ce qui est en lui est Dieu lui-même[34] ». Une nouvelle fois, Dieu est tout, et c'est *pour cela* qu'existe ce qui est différent de lui.

Tout cela pour replacer la question de la souffrance dans la perspective d'une identité entre le détachement de l'homme et sa capacité d'accueil. En effet, « tout ce qui doit accueillir et être réceptif, cela doit être et il faut que ce soit nu[35] ». Argument de bon sens, appuyé sur une citation d'Augustin ; Eckhart l'applique de façon limpide à la relation homme/Dieu lorsqu'il poursuit : « De ce que les forces de l'âme sont accomplies et nues pour de vrai, de là elles accueillent de façon plus accomplie et plus ample ce qu'elles accueillent » ; en sorte que « la puissance supérieure de l'âme, qui de toutes choses est nue et n'a rien de commun avec rien, ne reçoit rien moins que Dieu lui-même selon l'ampleur et la plénitude de son être ».

Que signifie donc, pour l'homme qui souffre, accueillir Dieu *dans cette souffrance* ? S'éclaire ici le paradoxe énoncé plus haut à propos du souvenir des péchés passés : il importe de tendre à la forme idéale d'une souffrance *sans souffrance.* Ayant cité la parole du psaume selon laquelle Dieu est avec l'homme dans sa souffrance[36], Eckhart prend feu et n'aligne pas moins de sept arguments pour rendre compte de cette affirmation. Dans le dernier d'entre eux, après avoir posé que tout ce qui est en Dieu « est Dieu lui-même », il énonce avec quelque solennité : « Parce que c'est vrai, je dis : tout ce que l'homme bon pâtit pour Dieu, il le pâtit en Dieu, et Dieu est avec lui, souffrant dans sa souffrance. Ma souffrance est-elle en Dieu et Dieu compatit-il, comment alors souffrir peut-il être pour moi souffrance, puisque souffrir perd la souffrance, et que ma souffrance est en Dieu et ma souffrance est Dieu[37] ? » Souffrance *en Dieu* ne peut être que communion à la souffrance que Dieu *est* : « Quand je trouve souffrance limpidement pour Dieu et en Dieu, je trouve Dieu ma souffrance. » Certes, Eckhart sait bien qu'il côtoie ici les abîmes ; mais rien, pas même l'incompréhensible, ne peut le faire dévier de ce qu'impose l'uni-totalité de Dieu. C'est pourquoi il conclut avec quelque hauteur : « Celui qui ne le reconnaît pas, qu'il accuse sa cécité, pas moi ni la vérité divine et son aimable mansuétude. »

3. Après la tension spéculative qui marque nombre de ces arguments, Eckhart tourne une page, de façon assez brusque, et conclut son ouvrage par des considérations susceptibles d'enflammer le désir en lui présentant des exemples édifiants : « Assez maintenant de ce discours, car dans la troisième partie de ce livre je veux décrire plusieurs sortes de consolation, sur la manière aussi dont peut et doit se consoler un homme bon dans sa souffrance, ainsi qu'on le trouve dans les œuvres et pas seulement dans les paroles des gens de bien et avisés[38]. » *Paroles* et *œuvres*, sous le signe de la « description » : défilent ainsi à la barre — ou sur la scène — David, un Père du désert, un malade, Socrate, la mère des sept martyrs du Livre des Macchabées, un marchand, un chevalier, Augustin, Sénèque et Jean l'évangéliste. Référence est faite au Livre des Rois, aux Pères du désert, à la Sagesse, à l'Ancien et au Nouveau Testament, aux *Confessions* d'Augustin. C'est ainsi que Eckhart engage un dernier effort, faisant feu de tout

bois, fustigeant, parfois avec drôlerie, la pusillanimité — ou l'outrecuidance ! — de qui ne craint pas d'importuner Dieu pour des futilités. Le tout s'achève, comme cela fut dit, sur ce qui pourrait bien être une confidence : la souffrance que lui-même éprouva à se voir accusé de proposer des contre-vérités, et l'impuissance qu'il ressent à constater que la vérité n'est souvent ni annoncée ni reconnue. Prend tout son sens, dans cette perspective, la prière finale, déjà rappelée ci-dessus : « Que le Dieu de douceur et d'amour, la vérité, me donne, ainsi qu'à tous ceux qui doivent lire ce livre, de trouver en nous la vérité et d'y être attentifs. Amen[39]. »

2. De l'homme noble

Le sermon *De l'homme noble*, dont Eckhart a dit, dans la seconde partie du *Livre de la consolation divine* (et comme pour écourter son développement), qu'il fallait le chercher « à la fin de ce livre[40] », est à comprendre comme une sorte d'appendice explicatif, exprimant avec plus d'ampleur et de clarté « la manière dont le plus intime et le plus élevé de l'âme crée et accueille [le] Fils de Dieu et [le] devenir-fils-de-Dieu dans [le] sein et [le] cœur du Père céleste ». Ainsi se trouvent précisés ce qui constitue aux yeux de Eckhart le thème principal de ce texte et la raison de son inscription en ce lieu de son œuvre[41].

À vrai dire, cette question de doctrine est englobée dans la lecture d'une parabole de grande richesse symbolique, qui dispose autour de ce point focal bon nombre d'harmoniques, dans une structure qui est celle des sermons eckhartiens : énoncé d'un texte d'Écriture, pré-texte pourrait-on dire à un enseignement déployé en toute liberté, et une conclusion qui n'est pas constituée ici par une prière ou une invocation à Dieu, comme à l'ordinaire, mais par une envolée grandiose, ponctuée d'un « Amen » solennel ; cette prière finale, concluant l'ensemble de ces deux textes, reprend en effet l'essentiel du propos, tel qu'annoncé justement dans le *Livre de la consolation divine*, sous la raison d'une métaphysique du Un : « Le Un avec le Un, le Un du Un, le Un dans le Un et, dans le Un, le Un éternellement. Amen[42]. » Pourtant, même s'il a été prononcé un jour sous cette forme du haut d'une chaire, ce texte est venu à nous sous un titre qui ne reprend pas simplement les premiers mots de la citation d'Écriture servant de base au développement (comme il en va pour la totalité des sermons), mais vise un thème de réflexion désigné à l'indirect, « *De l'* homme noble » — ce qui le tire davantage vers le genre littéraire du traité doctrinal.

Ce texte de force étrange, traversé de vibrations personnelles[43], est consacré à ce qui est à coup sûr l'un des thèmes centraux des écrits eckhartiens, la définition de l'homme intérieur. Voilà qui est d'abord à entendre à travers le qualificatif retenu dans le titre de cette œuvre : « De l'homme *noble* ». La « noblesse », un terme pris sans doute par Eckhart de son environnement social et des différenciations hiérarchiques qu'il imposait, acquiert dans sa bouche et sous sa plume une signification anthropologique de grande portée, marquée d'un poids d'esprit qui la dispose, de concert avec d'autres termes du même niveau, au sommet de l'excellence humaine. « Droiture », « justice », « vérité » dessinent les harmoniques de cette plénitude, et sont souvent employés par Eckhart comme des équivalents de « noblesse ». Ici, la palette s'enrichit d'autres termes, puisque, face à l'homme extérieur qualifié de *vieux*, *terrestre*, *ennemi*, *servile*, l'homme intérieur est dit *nouveau* (ou *jeune*), *céleste*, *ami*, et enfin *noble*. En tous ces cas, à travers cette richesse sémantique, c'est toujours l'homme remis à la radicalité de son origine, libéré des contraintes de mort qui vont de pair avec son surgissement comme créature.

Cet homme est « revenu » en lui-même après être « sorti » de soi. Il a exorcisé toute compromission avec ce qui n'est pas de l'ordre de l'ultime, acquérant de la sorte un « royaume » qui, toutes apparences traversées, n'est autre que Dieu lui-même. Sortie de l'éphémère, retour dans la vérité de l'être : le mouvement en cause s'appuie sur une disjonction sémantique ; car il est — pour aborder ce texte dans la logique encore d'un « discours du discernement » — deux manières bien différentes de *sortir de soi.* L'une d'elles, que le traité *Du détachement* dénoncera d'entrée de jeu comme cette sorte de « distraction » dont Pascal se désolera, s'inscrit évidemment contre toute « intériorité » véritable ; l'homme noble ne saurait s'y livrer sans dommage. L'autre, celle que le sermon *De l'homme noble* pousse à l'extrême de sa signification positive, relève d'une nécessité spirituelle, celle qui fait devoir à l'homme, par nature, de se tenir dans l'univers et dans le multiple qui le compose sans rien perdre de son immanence à lui-même : procès de médiation à comprendre dans l'intemporalité de son intelligence logique, car il n'est point besoin de se perdre dans les choses pour gagner le royaume *extérieur* où se dit la richesse de Dieu, puisque celle-ci est tout entière donnée dans l'*intérieur* et du côté du principe. Ainsi en va-t-il de l'engendrement du Fils au sein de la déité, comme l'énonce sobrement la première strophe du *Poème* :

> « O riche trésor
> où toujours commencement commencement enfanta !
> O cœur du Père
> d'où en liesse
> la Parole toujours flua !
> Cependant le sein
> a gardé la Parole, c'est vrai[44]. »

Sortir de soi *en* demeurant en soi-même. Sortir de soi *pour* mieux demeurer en soi-même. Paradoxe récurrent dans la pensée de Maître Eckhart. Il tient au fondement même de sa logique, et se trouve illustré ici en trois vagues successives.

1. La première partie de ce texte pourrait être intitulée : *la nature double de l'homme, et le destin de l'homme intérieur.* Elle s'ouvre sur une opposition terme à terme entre « deux sortes de nature », l'une à l'autre antagonistes, qui pourtant sont toutes deux « en l'homme » (« en lui », « en nous »). Opposition la plus grande, par conséquent, mais sans trace de dualisme. Comment l'expliquer ? *Extérieur* serait pour l'homme ce qui, déconnecté de sa relation à l'origine, se donnerait ou se prendrait pour le tout ; *intérieur*, ce même tout, sous sa forme authentique, c'est-à-dire à la fois principe insondable et diction exacte de soi-même — bref, à la fois intériorité *et* extériorité. Dans le premier cas, une partie est isolée, et la rupture par rapport à la source assèche la réalité, qui s'étiole et meurt ; dans le second, c'est l'univers entier qui s'offre dans la splendeur de son irrigation essentielle.

Point de dualisme, par conséquent, car les deux éléments en cause ne sont pas d'égale valeur. Alors que l'homme intérieur, aux antipodes de ce que serait l'homme abstrait, est l'homme rectifié qui conjugue dûment intériorité et extériorité*, l'homme extérieur pris comme tel est un homme dispersé, écartelé, aliéné de lui-même. Semblable au sujet platonicien dont l'attelage est tiré par un cheval blanc et un cheval noir, l'homme eckhartien possède donc *en lui* un ange et un démon. C'est de structure qu'il s'agit là : structure potentiellement conflictuelle pour qui miserait sur cette par-

* Pour Eckhart, l'extériorité comme telle est bonne et nullement incompatible avec l'intériorité, dans la mesure où elle est comprise comme sa diction et l'expression de son effectivité.

tie de lui-même qui le tire vers le bas et la dispersion, structure apaisée et clarifiée pour celui qui, en toute « noblesse », rassemble en lui l'intérieur *et* l'extérieur. En somme, l'homme noble est l'homme unifié. Reprenant ici, de façon non critique, ce qui relève d'un certain sexisme scripturaire, Eckhart dira que « l'homme intérieur, c'est Adam[45] », tandis qu'Ève représenterait l'extériorité qui se fixe sur elle-même ; Adam, né de la terre, serait donc en sa vérité celui en qui coexistent d'origine ces deux parts de « l'homme », aussi essentielles l'une que l'autre lorsqu'elles ne se séparent point l'une de l'autre.

Car autant l'extériorité pure serait principe de mort, autant serait déficiente et pervertie une intériorité qui se tiendrait pure de toute relation au multiple. Deux images évangéliques le disent à merveille : l'homme intérieur est semblable à un arbre, lequel n'aurait aucune vérité s'il ne portait du fruit et du bon fruit ; il est encore comparable au champ bien labouré dans lequel la semence peut venir à maturité. C'est pourquoi l'homme noble se doit de « sortir », et de « revenir » enrichi du royaume qu'appelle la rectitude de son regard intérieur.

Sur ce thème, Eckhart est intarissable. Il appelle à la rescousse Cicéron et Sénèque, mais aussi Origène — comme il fit appel plus haut à Jérôme, et comme il le fera, plus loin, à Augustin, Abraham, Paul, David, le Livre de l'amour, Salomon, Ézéchiel, Osée... Puisqu'il s'agit de croissance et de marche vers l'épanouissement, il est légitime de distinguer des étapes dans le cours de ce mouvement. Eckhart en propose six, qui vont de l'imitation extérieure des gens de bien jusqu'à une véritable « transformation[46] » dans l'image divine — en passant par le gain progressif d'une autonomie de bon aloi, l'acceptation de toutes sortes de traverses, l'acquisition du repos intérieur et de la paix. De spéciale importance la dernière de ces étapes, dans la mesure où elle met en scène une théorie de l'image, selon une précision de vocabulaire dont il se trouve d'autres exemples dans les textes de Eckhart : l'homme doit se vouloir dépouillé de toute image extérieure *(entbildet)*, autrement dit de toute fixation en lui-même et sur lui-même, de toute ex-croissance de lui-même, et revêtu de l'image intérieure parfaite *(überbildet)* qui définissait son être lorsqu'il se trouvait dans l'éternité de Dieu et Dieu lui-même. « Désimagé » et « surimagé », pourrait-on dire : où l'on retrouve le rejet de l'extériorité pure et le choix d'une intériorité qui est à la fois intériorité *et* extériorité.

2. Dans une seconde partie, Maître Eckhart aborde tour à tour deux questions, l'une et l'autre révélatrices de son esprit. La première renvoie à ce que l'on pourrait appeler l'absolu de l'être, signifié par le caractère inamissible de la dignité dont il est paré : en toute vérité, *la nature divine de l'homme peut se trouver voilée, mais jamais abolie.* La seconde question abordée, plus courte, traite, au niveau logique et métaphysique, de la relation homme/Dieu : l'immédiateté du rapport qui les fait se rencontrer en vérité dans le Un et comme Un conduit à affirmer *l'inanité de tout intermédiaire.* Est-ce là un rejet de toute logique de la médiation ? Plutôt l'exclusion de ce qui ferait nombre et qui séparerait bien plus qu'il n'unirait. En quelques phrases denses, Eckhart redit la façon dont il entend que Dieu soit vraiment tout, et que l'homme aussi bien que lui ne puisse être compris que sous la raison du Un le plus radical.

Déjà la première partie, se référant à Origène, affirmait que la semence déposée par Dieu en l'homme « peut bien se trouver recouverte et cachée », mais « jamais détruite ni éteinte en elle[-même] ». Le texte ajoutait : « Elle arde et brille, illumine et brûle, et s'incline sans relâche vers Dieu[47]. » C'est encore Origène qui relance maintenant le propos, avec la comparaison de la fontaine que la terre peut obstruer, mais qui cependant demeure force jaillissante, prête à s'écouler à nouveau quand l'obstacle aura été levé. Eckhart tient tellement à cette idée — elle soustrait son développement à une interprétation psychologique ou moralisante pour le remettre à la radicalité d'une visée ontologique — qu'il ajoute comparaison sur comparaison : les nuages peuvent cacher le soleil, mais non l'éteindre ; un sculpteur qui enlève les copeaux d'un morceau de bois ne fait que délivrer, si l'on peut dire, l'image inscrite dans les veines du matériau ; et le trésor que l'on découvre dans un champ était bien là, caché aux regards et n'attendant que le geste qui l'amène au jour.

Cette réalité *intérieure* que nul ne peut effacer ou faire disparaître, c'est « l'image de Dieu », dite encore « naissance de Dieu » ou « Fils de Dieu ». Cette réalité essentielle, qui n'est pas introduite en l'homme en seconde instance, mais se trouve en lui d'origine et par structure, se trouve certes « voilée » si l'homme se tourne vers l'extérieur, au sens dévalué que ce terme reçoit lorsqu'il est pris de façon unilatérale, désignant par là même une autonomie illusoire. Tout comme le soleil peut altérer la couleur et la rouille obscurcir le métal le plus pur, l'homme peut se montrer « inégal » à son essence : « il demeure néanmoins dans l'image de Dieu et l'image en lui ». C'est pour être réellement un avec cette image que l'homme doit « sortir de toute image et de soi-même ».

Unité foncière, par conséquent, en deçà de tout : elle ne s'entend que d'une relation directe et nue. On comprend alors l'affirmation selon laquelle « tout intermédiaire est étranger à Dieu ». Formule de grande précision : intermédiaire, *mittel*, n'est pas médiation. Ce qui se trouve récusé, c'est un terme qui *inter*-viendrait comme un élément solide divisant et séparant des extrêmes dont il ne saurait dire ou faire l'unité. Alors que l'unité, la vraie, parce qu'elle échappe radicalement à la dispersion qu'implique en lui-même le multiple, n'est troublée par rien et demeure identique à elle-même *jusque dans le multiple.* Cela est vrai de Dieu, dont l'être foncier (le *wesen*, nature ou déité) demeure inentamé en lui-même *et* dans chacune de ses manières d'être (ses *wesungen*, les Personnes) ; cela est vrai encore de l'homme lorsqu'il est un avec Dieu : « Pour de vrai, serais-tu vraiment Un, alors tu demeurerais aussi Un dans la distinction, et la distinction te deviendrait Un et ne saurait t'entraver en rien de rien[48] ». N'est-ce point le cas de l'homme noble, qui peut « sortir » de lui-même, non seulement sans dommage, mais même avec profit ? Aussi bien parle-t-on de lui en disant : « *Un* homme noble sortit »...

3. Les deux premières parties de ce texte ont explicité d'abord le troisième puis le premier des termes que comporte cet énoncé de base : les formes que peut et doit prendre la *sortie* de soi-même pour ne point mettre en péril l'impératif de l'intériorité ; le caractère inamissible du *Un*, en Dieu aussi bien qu'en l'homme, et son incompatibilité avec le multiple pur, qui ne pourrait faire office que de simple intermédiaire. Reste le troisième terme. Et c'est vers lui que se tourne maintenant Eckhart : qu'est-ce donc que l'*homme* ?

Texte d'enseignement, charpenté de façon rigoureuse. Il prend son point de départ, de façon pédagogique, dans un rappel d'ordre étymologique, et se poursuit par l'exposition d'un certain nombre de notes ou de caractéristiques qui expriment la « noblesse » de l'homme lorsqu'il est replacé dans le filigrane de son éternité. Humilité d'abord, mais aussi, et de façon antagoniste, hauteur par rapport au temps et au corps, connivence enfin avec le rien et le rien du rien — en sorte que même « le rien lui soit enlevé entièrement », et qu'en lui « l'on ne trouve nûment que vie, être, vérité et bonté[49] ». N'est-ce point là une exigence qui pose en l'homme ce qui est le propre de Dieu lui-même — parce qu'il est Dieu et pour qu'il le soit ?

Cette expérience du négatif sous sa forme extrême et redoublée ne saurait être de l'ordre d'un retrait ; elle ouvre au contraire sur une nouvelle forme de connaissance, et de Dieu et de soi et du monde — une connaissance « matutinale » qui, à la différence de la connaissance « vespérale » commune, ne cherche pas Dieu dans les créatures, mais connaît les créatures et toutes choses en Dieu : « Et ainsi l'on contemple la créature sans aucune diversité et dépouillée de l'image de toute image et délivrée de l'égalité de toute égalité, dans le Un qui est Dieu même. » S'ouvre ainsi une réflexion qui est comme un hymne à la valeur de la connaissance ; si excellente est cette puissance en l'homme que rien ne doit pouvoir l'entraver, pas même ce que l'on pourrait appeler la déficience des contenus, « car même de choses mauvaises connaissance est bonne ». Pour autant, il importe d'être attentif à ce que cette capacité s'exerce dans une grande pureté, sans aucun redoublement qui l'enfermerait en elle-même et lui ferait perdre l'unicité de son destin foncier. Reprenant analogiquement le propos d'Augustin disant qu'il faut aimer mais non aimer à aimer, Eckhart, avec nuance, affirme que connaître nûment est plus excellent que de connaître que l'on connaît. Sans doute le connaître du connaître n'est-il pas indifférent, et l'on peut entendre qu'il soit partie prenante de la béatitude en l'homme ; mais Eckhart requiert davantage d'intransigeance au chemin de la nudité : « Dieu veuille pourtant, prononce-t-il, que là ne soit pas ma béatitude ! Un autre s'en contente-t-il, qu'il l'ait pour lui-même, mais j'ai compassion de lui [50]. » Il sait, bien sûr, qu'à opter pour ce détachement plénier il sera *aussi* participant d'un savoir redoublé — qui alors sera atteint par le haut, dans une connaissance « matutinale » et non « vespérale ». Il en va en l'occurrence comme du rapport entre l'homme intérieur et l'homme extérieur : à vouloir le second pour lui-même, on se fourvoie dans le multiple et la dispersion, alors que celui qui fait choix sans partage du premier ne manque pas de trouver l'extérieur et l'intérieur dans la plénitude de l'intériorité. Une nouvelle fois, il n'est rien qui doive s'ajouter à l'être ; et la béatitude, unité sans partage de l'être et du connaître, ne se peut obtenir que sous l'égide du Un — cet Un que l'homme noble, précisément, acquiert en Dieu et en lui seul.

La fin de ce sermon est un morceau de grande envolée, où se trouvent mêlées rigueur de la pensée et splendeur des symboles. L'homme noble, qui conjugue sortie et retour, décentrement en Dieu et identité à soi, connaissance libre et connaissance de cette connaissance — en sa dimension proprement ontologique — est comparé au grand aigle dont parle Ézéchiel, qui s'en alla prendre la moelle ou la cime de l'arbre le plus élevé et s'en revint en bas nanti de ce « royaume ». La condition pour joindre de la sorte le haut et le bas, Dieu et la créature, et vivre pour ainsi dire la totalité du tout ? Elle est de s'égaler à cette forme pleine du rien qu'est le Un, auquel les derniers mots de ce texte, proprement hors de sens, tressent comme une couronne folle : « Le Un avec le Un, le Un du Un, le Un dans le Un et, dans le Un, le Un éternellement. Amen. »

III. Du détachement

Avec le traité *Du détachement*, dont l'authenticité, longtemps contestée, est aujourd'hui largement admise, c'est le cœur même de l'intuition eckhartienne qui se trouve en jeu[51]. Ayant eu l'occasion de présenter ce texte dans nos publications antérieures[52], nous nous en tiendrons ici à l'essentiel.

Le terme de *abegescheidenheit* (ou l'adjectif *abegescheiden*, détaché) est amplement présent, dans sa force déterminante, dès le premier écrit de Maître Eckhart, *Discours du discernement* (principalement sous le n° 6, mais aussi sous les n°s 5 et 21). Dans le *Livre de la consolation divine*, il ne connaît que quatre occurrences, et une seule dans le sermon *De l'homme noble* — mais son contenu, visé sous d'autres vocables, est omniprésent dans ces deux textes, ainsi qu'il fut montré. Enfin, le traité qui porte ce titre fait appel à ce concept, évidemment, presque à chaque ligne : pas moins de quatre-vingt-six occurrences ! L'on a dit ailleurs que la date et les circonstances de sa composition demeurent enveloppées d'incertitudes et le demeureront sans doute toujours. À vrai dire, le tranchant et la limpidité doctrinale dont il fait montre le tirent sans mal en dehors des productions datées qui ne répondraient qu'à une phase d'un procès : la pure farine qu'il propose est de celles qui s'accommodent de tous les mets, et sans elle tout autre festin serait bien insipide.

Ce n'est point que son importance ait toujours été reconnue à son juste niveau. Josef Quint l'inscrit plutôt sous la dominante d'une visée *éthique*, comme s'il s'agissait là avant tout de définir certaines modalités de l'agir, en prolongeant en somme les considérations tenues pour plus concrètes que contiennent les *Discours du discernement.* Quant à Jeanne Ancelet-Hustache, elle parle d'une « couleur mystique » de moindre puissance, et souligne elle aussi « la rigueur de ses exigences spirituelles ». Face à quoi l'on pourrait affirmer que ce texte, pas moins que d'autres, développe surtout une remarquable exigence de pensée ; il place haut la barre en situant l'impératif au niveau même de l'être dans ses derniers ressauts : nulle part mieux qu'ici il n'est affirmé que le détachement est l'apanage de Dieu lui-même, et qu'il appelle en l'homme un retour sans partage à cette réalité des origines qui fait que la déité ne saurait être « attachée » par rien, puisqu'elle est le tout, sans adjonction possible.

Affirmation de base, présente dans le court prologue sur lequel s'ouvre ce développement : le détachement est reconnu, après long examen et recherche diligente, comme « la vertu la plus haute et la meilleure par quoi l'homme puisse se relier à Dieu au mieux et au plus près, et par quoi l'homme puisse devenir par grâce ce que Dieu est par nature, et par quoi l'homme se tienne au plus égal de l'image qu'il était en Dieu quand entre lui et Dieu il n'y avait pas de différence, avant que Dieu n'ait créé les créatures[53] ». Où le destin de « grâce » accompagne la percée en retour qui fait que l'homme rejoint son destin de « nature » — cet état fondamental selon lequel il ne saurait se situer en dehors de la totalité qu'est Dieu, comme l'affirme avec force, entre autres, le texte du Sermon 52 : « Lorsque je me tenais dans ma cause première, je n'avais pas de Dieu, et j'étais alors cause de moi-même ; alors je ne voulais rien ni ne désirais rien, car j'étais un être dépris et me connaissais moi-même selon la vérité dont je jouissais. Alors je me voulais moi-même et ne voulais aucune autre chose ; ce que je voulais je l'étais, et ce que j'étais je le voulais, et je me tenais ici dépris de Dieu et de toutes choses[54]. »

1. Dans une première partie fort limpide, Eckhart montre que le détachement, ainsi compris, l'emporte sur toute autre vertu, en particulier sur celles que l'on tient pour les plus excellentes : l'amour, l'humilité, la miséricorde. Une seule justification : ces attitudes ou ces comportements expriment tous une pulsion vers l'extérieur et le multiple, alors que le détachement se vit, si l'on peut dire, « à même Dieu », sans aucune sortie de soi qui relèverait d'une dispersion du regard. Eckhart est donc fidèle à la lecture *ontologique* qui est pour lui déterminante : il s'agit pour l'homme de rejoindre son « lieu propre », c'est-à-dire Dieu, et seul le détachement permet d'y parvenir. Et cela en abordant la relation, non point

à partir de l'extériorité de l'homme, mais à partir de Dieu lui-même ; car « Dieu peut se relier plus intimement à moi et mieux s'unir à moi que je ne pourrais m'unir à Dieu[55] ». Or que l'homme soit détaché, cela « contraint » Dieu à s'unir à lui, car la pureté de son être ne peut que se répandre là où il découvre pureté semblable à la sienne : en effet, « toute chose occupe volontiers son lieu propre naturel. Or le lieu propre naturel de Dieu est unité et limpidité, ce qui vient du détachement. Pour cette raison Dieu doit par nécessité se donner soi-même à un cœur détaché ».

2. C'est encore sur cette idée audacieuse que s'ouvre la seconde partie du texte : « Quand l'esprit libre se tient en juste détachement, alors il contraint Dieu à son être[56]. » Où ce n'est point de violence qu'il s'agit — comment pourrait-elle se montrer opérante ? — mais de convenance ontologique. L'homme serait-il vraiment détaché, c'est-à-dire « dénué de forme et sans aucun accident », pour sûr « il prendrait pour soi ce qui est en propre à Dieu ». Il le prendrait, non à la façon d'un voleur qui forcerait une resserre intime — car « cela Dieu ne saurait le donner à personne qu'à lui-même ». Il s'agit bien plutôt d'une certaine reconnaissance d'une identité de fond : l'homme détaché est réellement *à même Dieu* parce que le détachement parfait ne se trouve qu'en Dieu et que Dieu est le seul grand détaché. Pourquoi s'attacherait-il à quelque chose d'autre que soi, puisqu'il est le tout, sans adjonction possible ? « C'est pourquoi Dieu ne saurait faire plus pour l'esprit détaché que de se donner soi-même à lui. » Un don qui ne procède d'aucune bienveillance surérogatoire, mais de l'exacte reconnaissance d'une parité de niveau et de structure.

Que Dieu soit le seul vrai détaché, Eckhart l'affirme en allant d'un coup à l'extrême du paradoxe : son immutabilité essentielle se mesure au fait qu'il n'est ni ne fut troublé par cela même qui marquait son engagement dans les régions du multiple : la création, l'incarnation, la souffrance et la croix. En effet, « que Dieu soit Dieu, il le tient de son détachement immobile, et c'est du détachement qu'il tient sa limpidité et sa simplicité et son immutabilité ». C'est pourquoi l'homme qui aspire à rejoindre cette origine dernière de son être doit se tenir « aussi immobile face à toutes vicissitudes d'amour et de souffrance, d'honneur, de honte et d'outrage, qu'une montagne de plomb est immobile sous une brise légère ». C'est de là seulement que procède pour lui « la plus grande égalité avec Dieu ».

3. La troisième partie de ce texte traite de l'objet du pur détachement, et tire de tout cet enseignement une conclusion en ce qui regarde la nature de la prière. Reprenant l'une de ses expressions favorites, Eckhart affirme que l'objet du détachement ne saurait être « ni ceci ni cela » ; il ne s'agit pas en effet d'une attitude « éthique » dont la vertu s'épuiserait dans une œuvre particulière, par exemple la renonciation à une chose ou à une autre ; mais sa portée « ontologique » est telle qu'elle se traduit en l'homme par une *disponibilité infinie* — comme est disponible la tablette de cire qui ne porte encore aucun signe d'écriture et est susceptible de les recevoir tous. Allant d'un coup à l'ultime de cette liberté, Eckhart affirme que l'objet du détachement, l'économie dans laquelle il peut s'épanouir, n'est autre que le « pur néant » — selon qu'on pouvait le lire déjà dans la première partie du traité : « Le détachement est si proche du néant qu'entre le détachement parfait et le néant rien ne saurait être[57]. » Et encore : « Le détachement est à ce point proche du néant qu'aucune chose n'est si ténue qu'elle puisse se loger dans le détachement si ce n'est Dieu seul[58]. »

Perd donc toute signification cette forme intempestive de prière qui se mêlerait de vouloir dicter à Dieu ce qui doit advenir en tel ou tel domaine. En vérité, « la limpidité détachée ne peut prier, car celui qui prie désire de Dieu que quelque chose lui advienne, ou désire au contraire que Dieu lui ôte quelque chose. Or le cœur détaché ne désire rien, il n'a rien non plus dont il serait volontiers dépris[59] ». Attitude qui n'est point de démission, ni d'acceptation passive devant ce que l'on tiendrait pour inéluctable, mais choix de ce que l'on pourrait appeler un itinéraire court, celui qui replace toute demande dans l'absolu d'une identité d'origine, aux sources de l'être. Comment s'attarderait-il encore à quelque requête particulière celui qui, par le détachement, est radicalement un avec Dieu ? Comment peut-il désirer, celui qui a tout ? « Il se tient dépris de toute prière, et sa prière n'est rien d'autre que de n'être qu'une seule forme avec Dieu. En cela consiste toute sa prière. » *Einförmig mit gote* : n'est-ce point là l'ultime de l'ontologie eckhartienne ? Retrouvant les paradoxes si bien exprimés dans son fameux Sermon 52 sur la pauvreté en esprit, Eckhart conclut ou presque en mêlant symboliquement les contraires : « Lorsque le détachement en vient au plus élevé, de connaissance il devient sans connaissance et d'amour sans amour et de lumière obscur. C'est pourquoi nous pouvons aussi évoquer ce qu'énonce un maître : les pauvres en esprit sont ceux qui ont abandonné à Dieu toutes choses, telles qu'il les avait alors que nous n'étions pas[60]. »

Un mot encore, en conclusion cette fois : une voie privilégiée mène vers ce sommet, c'est la souffrance. Rien en cela, bien sûr, d'un masochisme qui serait au plus loin du nécessaire décentrement de soi ; rien non plus d'un calcul mercantile qui penserait acheter le meilleur en payant le prix fort. Eckhart le très humain sait qu'il n'est pas bon pour l'homme d'être dans l'affliction ; mais comment échapper à cette loi des choses qui prouve la vérité d'une attitude par sa permanence en ce qui lui est le plus contraire ? N'est-ce point ce que fit Dieu en terre, au plus extrême de son détachement dans la plus grande des détresses ? C'est pourquoi « personne ne goûte plus grande suavité éternelle que ceux qui se tiennent avec Christ dans la plus grande amertume[61] ». Opposant la tristesse du présent et le bienfait que l'on tire du passé, Eckhart écrit alors magnifiquement : « Rien n'est plus fiel que souffrir, rien n'est plus miel qu'avoir souffert ; rien devant les gens ne décompose le corps plus que souffrir, et rien devant Dieu n'embellit l'âme plus qu'avoir souffert. »

Leçon suprême : le détachement, en l'homme aussi bien qu'en Dieu, consiste à demeurer en soi en toute circonstance — en sortant de soi sans sortir de soi. Il n'y a décidément rien à ajouter à ce qui est le tout. « Pour qu'à nous cela advienne, que nous y aide le suprême détachement, qui est Dieu même. Amen. »

Le Poème

Ce livre se clôt sur une nouvelle version de l'unique poème qui nous soit parvenu de Maître Eckhart. Œuvre de jeunesse probablement : huit courtes strophes qui suffisent, par leur perfection formelle et leur plénitude symbolique, à tenir leur auteur pour un maître de la poésie mystique, telle qu'elle fut illustrée en ces temps par une Hadewijch ou par d'autres productions issues du milieu des béguinages. Atmosphère dionysienne si l'on veut, mais reprise ô combien par le génie eckhartien, davantage marqué par les exigences d'une pensée à la fois ultime et soucieuse d'exacte mesure, bien en deçà de toute exubérance. Doctrine donc, itinéraire aussi : ayant produit ailleurs un essai de commentaire du contenu de ces vers[62], l'on nous tiendra pour dispensés de revenir ici sur leur interprétation. Il reste à les aborder comme une conclusion savoureuse des hautes pensées développées au long des traités — comme l'on pourra aussi, le temps venu, les nourrir de maintes expressions présentes dans les sermons du Maître, si souvent soulevés eux aussi, à leur manière, de pure poésie. *Granum sinapis* : le grain de sénevé est sans doute la plus petite des semences ; saint Jean Chrysostome la disait « pauvre en substance, mais riche en vertu ». Nous savons déjà quelque peu quelle riche floraison peut naître de là.

DISCOURS
DU DISCERNEMENT

Ce sont les entretiens
que le vicaire de Thuringe, le prieur d'Erfurt,
frère Eckhart, de l'ordre des Prêcheurs,
eut avec ces enfants qui à l'occasion de ces entretiens
l'interrogeaient sur beaucoup de choses
*lorsqu'ils étaient rassemblés pour les conversations du soir**

1. En premier lieu, de la véritable obéissance

Vraie et parfaite obéissance est une vertu avant toutes vertus, et aucune œuvre, si grande soit-elle, ne peut advenir ni se trouver faite sans cette vertu ; et si petite soit une œuvre et si banale, elle est plus utile lorsqu'elle est faite dans l'obéissance vraie, que ce soit dire la messe, l'entendre, prier, contempler et tout ce que tu peux imaginer. Mais prends une œuvre, aussi banale que tu la veuilles, quelle qu'elle soit, l'obéissance vraie la fait pour toi plus noble et meilleure. Obéissance opère toujours ce qu'il y a de meilleur en toutes choses. Assurément, obéissance ne trompe jamais ni ne néglige rien, quoi que l'on fasse dans ces choses qui procèdent d'obéissance vraie, car elle ne néglige aucun bien. Obéissance jamais n'a besoin de s'inquiéter, aucun bien non plus ne lui manque**.

---

* Eckhart utilise ici le terme latin de *collationes*, qui désigne, dans la tradition des ordres religieux, les réunions des membres d'une communauté autour de leur supérieur, principalement le soir, pour un enseignement suivi de débats.

** Cette insistance première sur l'obéissance ne ressortit pas à un conseil ascétique à l'usage de commençants : ce dont il est question de façon récurrente, c'est de la « vraie obéissance », celle dont la suite du

Quand l'homme, dans l'obéissance, sort de ce qui est sien et se défait de ce qui est sien, alors il faut de nécessité que Dieu entre en lui ; car lorsque quelqu'un ne veut rien pour lui-même, il faut que pour lui Dieu veuille de même manière que pour lui-même. Toutes les fois que je suis sorti de ma volonté dans la main de mon supérieur et ne veux rien pour moi-même, pour cette raison il faut que Dieu veuille pour moi, et si en cela il me néglige, il se néglige lui-même. Par conséquent, en toutes choses, là où je ne veux rien pour moi, là Dieu veut pour moi*. Or prête attention ! Que veut-il pour moi alors que je ne veux rien pour moi ? Là où je me laisse, là il faut que de nécessité il veuille tout ce qu'il veut pour lui-même, ni plus ni moins, et de la même manière qu'il veut pour lui. Et Dieu ne le ferait-il point, dans la vérité qui est Dieu, Dieu ne serait pas juste ni ne serait Dieu, ce qui est son être naturel.

En obéissance vraie, l'on ne doit pas trouver « je veux comme ci ou comme ça », ou « ceci ou cela », mais un limpide sortir de ce qui est tien. Et c'est pourquoi, dans la prière la meilleure que l'homme puisse prier, il ne doit y avoir ni « donne-moi la vertu ou la sagesse », ni « ah, Seigneur, donne-moi toi-même ou la vie éternelle », mais « Seigneur,

---

texte précisera qu'elle ouvre à l'action de Dieu, et donc à une authentique créativité de la part de l'homme.

* Est ici visée la dimension proprement ontologique de l'obéissance : dans la mesure où l'homme, selon qu'il n'est pas la vérité, « se laisse » en « sortant » de lui-même, dans cette même mesure Dieu, qui est la vérité, « entre » afin d'exercer pour lui et en lui sa volonté à sa manière propre — ce qui est strictement conforme à sa « justice », à sa « nature » de Dieu. Cf. la strophe VIII du Poème : « O mon âme / sors, Dieu entre ! » (cf. ci-dessous, p. 198). Ce coup d'archet évoque toute la doctrine du « détachement » : celui qui sort de soi en vérité se laisse *être* dans sa nature essentielle, sans rien ajouter à soi — et cela n'est autre que Dieu lui-même.

ne donne rien que ce que tu veux, et fais, Seigneur, ce que tu veux et comme tu veux, en toute manière ». Cette [prière] surpasse la première autant que le ciel la terre[1]. Et quand on accomplit ainsi la prière, on a bien prié : lorsque l'on est totalement sorti en Dieu par obéissance vraie. Et de même qu'obéissance vraie ne doit pas comporter de « je veux ainsi », de même ne doit jamais être entendu d'elle « je ne veux pas » ; car « je ne veux pas » est un véritable poison pour toute obéissance. Comme le dit saint Augustin : « Le fidèle serviteur de Dieu ne se contente pas de ce qu'on lui dise ou donne ce que volontiers il entendrait ou verrait ; car son zèle suprême, premier, est d'entendre ce qui plaît le plus à Dieu[2]. »

2. De la prière la plus forte et de l'œuvre la plus élevée

La prière la plus forte et à peu s'en faut toute-puissante pour obtenir toutes choses, et l'œuvre la plus digne de toutes, c'est celle qui provient d'un esprit dépris. Plus celui-ci est dépris, plus la prière et l'œuvre sont fortes, respectables, utiles, louables et parfaites. L'esprit dépris peut toutes choses.

Qu'est-ce qu'un esprit dépris ?

C'est un esprit libre que celui qui n'est troublé par rien et n'est lié par rien et n'a lié le meilleur de soi à aucun mode et ne vise en aucune chose ce qui sien, est alors abîmé dans la très chère volonté de Dieu et est sorti de ce qui est sien. Jamais l'homme ne peut opérer aucune œuvre, si banale soit-elle, qui ne tire de là sa force et son pouvoir.

Si fortement l'on doit prier que l'on voudrait que tous les membres de l'homme et ses forces, yeux, oreilles, bouche, cœur et tous les sens, soient orientés vers cela ; et l'on ne doit pas cesser avant d'avoir éprouvé que l'on devient un avec celui en présence de qui l'on est et que l'on prie, c'est-à-dire Dieu*.

3. Des gens qui ne sont pas laissés, et qui sont pleins de volonté propre

Les hommes disent : « Ah, Seigneur, je voudrais bien être en aussi bons rapports avec Dieu et avoir autant de ferveur et de paix avec Dieu qu'en ont d'autres gens, et voudrais qu'il en soit ainsi pour moi ou que je sois aussi pauvre », ou bien : « Je ne serai jamais bien à moins d'être ici ou là, de faire ceci ou cela, il me faut être en exil ou dans une cellule ou dans un cloître. »

En vérité, tout cela c'est toi-même, et rien d'autre. C'est volonté propre, seulement tu ne le sais pas ou il te semble que non : jamais ne s'est levé un trouble en toi que cela ne vienne de volonté propre, qu'on le remarque ou qu'on ne le remarque pas. Quand nous estimons que l'homme doit fuir telle chose et doit rechercher telle autre — c'est-à-dire les lieux et les gens et la manière d'être ou la foule et l'œuvre — il n'y a pas à les incriminer de ce que cette manière d'être ou cette chose t'entravent : c'est toi qui dans les choses mêmes t'entraves, car tu te tiens de façon désordonnée dans les choses.

* La déprise, *ledicheit*, un des vocables essentiels de Maître Eckhart, s'exprime ici par la « sortie » de soi, tout comme le détachement dont elle est une autre expression. De cette attitude tirent leur excellence les deux tâches de l'homme spirituel que sont la prière et l'œuvre.

C'est pourquoi commence tout d'abord par toi-même et laisse-toi*. En vérité, si tu ne te fuis pas d'abord toi-même, partout où tu fuis tu trouves obstacles et trouble, où que ce soit. Les gens qui cherchent quiétude dans les choses extérieures, que ce soit en lieux ou en manières d'être ou en personnes ou en œuvres ou l'exil ou la pauvreté ou opprobre, si grands soient-ils ou quels qu'ils soient, tout cela n'est pourtant rien ni ne confère aucune quiétude. Ils cherchent tout de travers ceux qui cherchent ainsi : plus loin ils sortent, moins ils trouvent ce qu'ils cherchent. Ils vont comme un qui perd son chemin : plus loin il va, plus il erre. Or donc, que doit-il faire ? Il doit en premier lieu se laisser soi-même, ainsi a-t-il laissé toutes choses. En vérité, un homme laisserait-il un royaume ou le monde entier et se garderait-il soi-même, il n'aurait rien laissé. Oui, et l'homme se laisserait-il soi-même, quoi qu'il garde, que ce soit richesse ou honneur ou quoi que ce soit, il a laissé toutes choses.

Un saint dit à propos du mot qu'a énoncé saint Pierre : « Vois, Seigneur, nous avons laissé toutes choses[3] » — et il n'avait pourtant rien laissé de plus qu'un simple filet et sa barque —, le saint dit : qui volontiers laisse ce qui est petit, il ne laisse pas seulement cela, plus : il laisse tout ce que peuvent acquérir les gens du monde, oui, même ce qu'ils peuvent désirer ; car qui laisse sa volonté et soi-même, celui-là a laissé toutes choses aussi vraiment que si elles eussent été sa franche propriété et qu'il les eût possédées en toute-puissance. Car, ce que tu ne veux pas désirer,

---

* Détachement, déprise — à ces deux termes fondamentaux, Maître Eckhart en adjoint un troisième, de même poids : ce qui tourne autour du *lâzen* et de la *gelâzenheit*, l'acte de se laisser ou de s'abandonner. L'injonction de tonalité négative — « laisse-toi », toi qui demeures encore préoccupé de toi-même et des choses extérieures — s'accomplira dans le développement prochain par la mise en lumière des bienfaits positifs de cette attitude.

tu l'as complètement remis et laissé pour Dieu. C'est pourquoi Notre-Seigneur dit : « Bienheureux sont les pauvres en esprit[4] », c'est-à-dire en volonté. Et personne n'en doit douter : y aurait-il meilleure manière, Notre-Seigneur l'aurait dite lorsque aussi bien il énonça : « Qui veut me suivre, qu'en premier lieu il se renonce soi-même[5] » ; c'est en quoi toutes choses résident. Regarde-toi toi-même, et où que tu te trouves, laisse-toi ; c'est ce qu'il y a de mieux.

4. De l'utilité du laisser, que l'on doit pratiquer de l'intérieur et de l'extérieur

Tu dois savoir que jamais aucun homme ne s'est si bien laissé en cette vie qu'il ne trouve encore à se laisser davantage. Il est peu de gens qui l'entendent de façon juste et s'y tiennent. C'est justement une égale contrepartie et égal marché : autant tu sors de toutes choses, autant, ni plus ni moins, Dieu vient avec tout ce qui est sien, tout comme tu es sorti en toutes choses de ce qui est tien[6]. Commence par là, et laisse que cela te coûte tout ce que tu peux offrir. Alors tu trouveras vraie paix, et nulle part ailleurs.

Les gens jamais ne devraient tant penser à ce qu'ils devraient faire ; mais il devraient penser à ce qu'ils devraient être. Si seulement les gens étaient bons ainsi que leur manière d'être, leurs œuvres brilleraient intensément. Es-tu au point, tes œuvres aussi sont au point. Que l'on ne pense pas que sainteté se base sur un faire ; on doit baser sainteté sur un être, car ce ne sont pas les œuvres qui nous sanctifient, mais c'est nous qui devons sanctifier les œuvres. Si saintes que soient jamais les œuvres, elles ne nous sanctifient absolument pas en tant qu'elles sont œuvres, plus : en tant que nous sommes saints et possédons l'être, dans cette mesure nous sanctifions toutes nos œuvres, que ce soit manger, dormir, veiller ou quoi que ce soit. Ceux qui n'ont pas grandeur d'être, quelques œuvres qu'ils opèrent, il n'en sort rien. Considère de là que l'on doit mettre tout son zèle à être bon, non pas tant par ce que l'on fait ou par la nature *(geslehte)* de l'œuvre, mais par le fond de l'œuvre[7].

5. Considère ce qui rend bons l'être et le fond

La raison dont dépend que l'être et le fond de l'homme sont pleinement bons, là où les œuvres de l'homme prennent leur bonté, c'est que l'esprit *(gemüete)* de l'homme est totalement [tourné] vers Dieu. Ordonne toute ton étude à ce que Dieu devienne grand pour toi, et que tout ton sérieux et ton zèle soient [tournés] vers lui en toutes tes œuvres et en tout ton laisser. En vérité, plus de cela tu as, meilleures sont toutes tes œuvres, quelles qu'elles soient. Attache-toi à Dieu, il t'attachera alors toute bonté. Cherche Dieu, tu trouveras alors Dieu et tout bien. Oui, en vérité, tu pourrais dans cet esprit[8] mettre le pied sur une pierre que déjà ce serait davantage une œuvre divine que si, en recevant le corps de Notre-Seigneur, tu pensais plus à ce qui est tien et que ton esprit[9] soit moins détaché. Qui s'attache à Dieu, Dieu et toutes vertus s'attachent à lui. Et ce qu'auparavant tu cherchais, cela te cherche maintenant ; ce qu'auparavant tu pourchassais, cela te pourchasse maintenant, et ce devant quoi auparavant tu voulais fuir, celui te fuit maintenant. C'est pourquoi qui s'attache à

Dieu pleinement, à lui s'attache tout ce qui est divin, et le fuit tout ce qui est inégal et étranger à Dieu*.

6. Du détachement et du posséder-Dieu [10]

On m'a posé une question : certaines gens se retireraient radicalement des autres et seraient volontiers totalement seuls, et en cela résiderait leur paix, et qu'ils soient à l'église, serait-ce là ce qu'il y a de mieux ? Je dis alors : non ! Et note pourquoi ! Celui qui est au clair avec lui-même, en vérité il est au clair en tout lieu et près de toutes gens. Celui qui n'est pas au clair avec lui-même, il n'est pas au clair en tout lieu et près de toutes gens. Quant à celui qui est au clair avec lui-même, il a Dieu en vérité auprès de lui. Or celui qui a vraiment Dieu en vérité, il l'a en tout lieu, et dans la rue et auprès de toutes gens aussi bien qu'à l'église ou dans la solitude ou en cellule : qu'il l'ait autrement en clarté et qu'il l'ait lui seul, cet homme personne ne peut l'entraver.

Pourquoi ?

Parce qu'il a Dieu seul et vise Dieu seul, et toutes autres choses lui deviennent limpidement Dieu. Cet homme porte Dieu dans toutes ses œuvres et en tout lieu, et toutes les œuvres de cet homme, Dieu les opère limpidement ; car celui qui est cause de l'œuvre, à lui plus proprement et plus vraiment est l'œuvre qu'à celui qui l'œuvre opère. Si donc nous

---

* L'homme « détaché », « dépris » et qui s'est « laissé » lui-même est comme tel « attaché » à Dieu. Ce *got-anhaften*, récurrent dans la mystique rhénane et bien au-delà, se présente de façon significative comme ce qui donne à un tel homme de n'être « attaché » à rien qu'à ce qui forme l'« être » et le « fond » de son existence — Dieu même.

avons Dieu en vue limpidement et seulement, en vérité il faut qu'il opère notre œuvre, et en toutes ses œuvres personne ne peut l'entraver, ni foule ni lieu. Aussi personne ne peut-il entraver cet homme, car il n'a rien en vue ni ne recherche rien ni ne goûte rien que Dieu ; car Dieu se trouve uni à l'homme en tout ce qu'il a en vue. Et donc, tout comme aucune multiplicité ne peut distraire Dieu, de même rien ne peut distraire cet homme ni le livrer au multiple, car il est Un dans le Un, là où toute multiplicité est Un et une Non-multiplicité*.

L'homme doit recevoir Dieu en toutes choses et doit habituer son esprit à avoir Dieu en tout temps présent dans l'esprit et dans l'intention et dans l'amour. Note la façon dont tu as Dieu en vue, que tu sois à l'église ou en cellule : garde le même esprit et porte-le parmi la foule et dans le tumulte et dans l'inégalité. Et — comme je l'ai dit mainte fois — quand on parle d'égalité, on n'estime pas que l'on doit traiter toute œuvre de façon égale, ou tous lieux ou toutes gens. Ce serait tout à fait faux, car prier est une meilleure œuvre que filer, et l'église un lieu plus noble que la rue. Mais tu dois, dans les œuvres, avoir un esprit égal et une confiance égale et un amour égal pour ton Dieu et un sérieux égal. Pour vrai, te serait-ce de la sorte égal, personne ne te mettrait obstacle à la présence de ton Dieu**.

---

* La « multiplicité », ici, est comprise comme source de dispersion, et donc comme dégradation du Un. Le rejet que Eckhart prononce à son endroit n'infirme pas le principe logique exprimé ailleurs avec force : le Un originel est *en lui-même* articulé comme pluriel. Telle est sa richesse, son rapport à soi comme autre que soi, l'identité en lui de la substance et de la relation : cf. *De la consolation divine,* ci-dessous, p. 133.

** Eckhart ne méconnaît pas le fait que les réalités extérieures — œuvres ou lieux — ne sont pas toutes de même dignité ; il estime néanmoins que la vérité intérieure ne dépend pas de cette échelle objective : ce sont au contraire l'intention droite et la limpidité d'un esprit « déta-

Quant à celui auquel en vérité Dieu n'est pas ainsi intérieur, mais qui doit nécessairement saisir Dieu toujours de l'extérieur en ceci et en cela, et quand il cherche Dieu sous modes inégaux, que ce soit œuvre ou gens ou lieux, il n'a pas Dieu. Et quelque chose peut aisément se trouver qui entrave cet homme lorsqu'il n'a pas Dieu et ne le cherche pas uniquement ni ne l'aime ni ne l'a en vue uniquement ; et c'est pourquoi ne l'entrave pas seulement la mauvaise compagnie, mais l'entrave aussi la bonne, et non seulement la rue mais aussi l'église, et pas seulement parole ou œuvre mauvaises, mais encore parole et œuvre bonnes, car l'entrave est en lui, car en lui Dieu n'est pas devenu toutes choses. Car si cela était son fait, il serait en tous lieux et auprès de toutes gens tout à fait au clair et à l'aise, car il a Dieu, et personne ne peut le lui ravir, et personne ne peut entraver son œuvre.

À quoi tient donc ce vrai posséder-Dieu, qu'on le possède vraiment ?

Ce véritable posséder-Dieu tient à l'esprit et à un acte intellectuel intérieur de s'orienter et de tendre vers Dieu[11], non pas dans une pensée continue d'égal niveau, car ce serait impossible à la nature de maintenir cette tension ou très difficile, et de surcroît pas le mieux. L'homme ne doit pas avoir un Dieu pensé ni s'en satisfaire, car lorsque la pensée passe, alors Dieu passe aussi. Plutôt : on doit avoir un Dieu dans l'être, qui est loin au-dessus des pensées de l'homme et de toutes créatures. Ce Dieu ne passe pas, si l'homme ne s'en détourne pas volontairement[12].

Celui donc qui a Dieu dans l'être, celui-là saisit Dieu de manière divine, et pour lui il brille en toutes choses ; car toutes choses lui ont le goût de Dieu, et Dieu se façonne pour lui à partir de toutes choses. En lui Dieu rayonne en

ché » qui commandent la liberté de l'homme en toute circonstance et la qualité de son action.

tout temps, en lui s'opère un retrait détaché et une impression de son Dieu présent et aimé. Comme il en va de qui est altéré et éprouve une soif ardente, il peut bien faire autre chose que boire et peut bien aussi penser à autre chose ; plus : quoi qu'il fasse pourtant et près de qui qu'il se trouve, quel que soit son dessein ou quoi qu'il pense ou quoi qu'il opère, ne s'évanouit pas pour lui l'image de la boisson tant que dure la soif ; et plus grande est la soif, plus grande et plus intérieure et plus présente et plus continue est l'image de la boisson. Ou encore celui qui aime ardemment une chose et de toute sa force, à telle guise qu'il n'a de goût à rien d'autre et de cœur ne va que là et ne pense qu'à cela et absolument à rien d'autre : pour vrai, où que soit cet homme ou près de qui qu'il soit, ou quoi qu'il entreprenne ou quoi qu'il fasse, jamais ne s'éteint en lui ce qu'il aime ainsi, et en toutes choses il trouve l'image de cette chose, et elle lui est d'autant présente que l'amour est de plus en plus intense. Cet homme ne recherche pas la quiétude, car aucune inquiétude ne l'entrave [13]. Cet homme est d'autant plus loué devant Dieu qu'il prend toutes choses divinement et pour plus qu'elles ne sont en elles-mêmes. Assurément, il y faut zèle et amour et une bonne perception de l'intériorité de l'homme et un savoir vigilant, vrai, réfléchi, effectif, sur quoi l'esprit s'assure dans les choses et auprès des gens. Cela, l'homme ne saurait l'apprendre par la fuite, en ce qu'il fuirait les choses et se tournerait vers la solitude à partir de l'extériorité ; mais il lui faut apprendre une solitude intérieure, où et près de qui il soit. Il lui faut apprendre à faire sa percée* dans les choses, à y saisir

* *durchbrechen* : terme caractéristique, chez Maître Eckhart, du mouvement de « retour » qui traverse les choses et opère une brèche dans la sorte de coupole (représentation cosmologique à la Ptolémée) qui enserre le monde et le coupe de son origine. Plutôt que de fuir les réalités immédiates, Eckhart affirme qu'un homme « détaché » les prend *divinement*, et opère *en elles* la « percée » qui lui permet de saisir Dieu *à même* les choses.

son Dieu et à pouvoir l'imprimer fortement en soi d'une manière essentielle. Tout comme d'un qui veut apprendre à écrire : assurément, s'il veut se rendre maître de cet art, il lui faut s'exercer beaucoup et souvent en œuvres, si aride et difficile cela lui soit et si impossible cela lui paraisse ; s'y exerce-t-il avec zèle et souvent, il apprend et acquiert cet art. Assurément, il lui faut en premier lieu mémoriser chaque lettre et l'imprimer fortement en soi. Après quoi, lorsque maintenant il possède cet art, il est tout à la fois dépris de l'image et de l'effort de remémoration ; il écrit alors dans cette déprise et librement — ou qu'il s'agisse de jouer de la vielle ou de produire aucune œuvre qui doive advenir de par son art. Pour cela, il lui suffit pleinement de savoir qu'il veut exécuter l'œuvre qui relève de son art ; et même sans remémoration permanente ; quoi qu'il pense, c'est son œuvre qu'il opère à partir de son art*.

C'est ainsi que l'homme doit être pénétré de la présence divine et transformé par la forme de son Dieu bien-aimé et être en lui essentiellement, en sorte que sa présence brille pour lui sans aucun travail, plus : qu'il acquière une nudité en toutes choses et demeure entièrement dépris des choses. Il y faut au début une remémoration et un façonnement intérieur notable, comme pour l'écolier par rapport à son art.

* Que la pratique de la vertu, en l'occurrence le détachement, ne puisse se faire avec aisance qu'après un exercice répété s'éclaire par l'exemple de l'acquisition d'un art — écriture ou musique ; Aristote et les maîtres de la grande scolastique l'ont compris comme le gain d'un *habitus,* une détermination nouvelle de la « nature ».

7. Comment l'homme doit accomplir son œuvre de la façon la plus conforme à l'intellect [14]

On trouve en bien des gens, et l'homme vient facilement à cela s'il le veut, que les choses près desquelles il évolue ne l'entravent et ne déposent pas en lui quelque image permanente ; car, là où le cœur est plein de Dieu, là les créatures ne peuvent avoir ni trouver de lieu ; plus : cela ne doit pas nous suffire ; nous devons tourner toutes choses pour notre plus grand profit, quelles qu'elles soient, où que nous soyons, quoi que nous voyions ou entendions, quelque étrangères ou quelque inégales qu'elles soient. C'est alors seulement que nous sommes comme il faut, et pas avant, et jamais l'homme ne doit en finir en cela, il peut ici grandir sans relâche et acquérir davantage dans une vraie croissance.

Et l'homme, pour toutes ses œuvres et en toutes choses, doit user attentivement de son intellect, et en toutes choses avoir une conscience intellectuelle de soi-même et de son intériorité, et saisir Dieu en toutes choses sous le mode le plus élevé qu'il est possible [15]. Car l'homme doit être comme le dit Notre-Seigneur : « Vous devez être comme des gens qui veillent en tout temps et attendent leur maître [16] ! » Assurément, ces gens qui attendent sont vigilants et regardent autour d'eux d'où viendra celui qu'ils attendent, et ils le guettent en tout ce qui advient, si étranger que ce soit, pour voir s'il n'y est pas. Ainsi devons-nous savoir rechercher Notre-Seigneur en toutes choses. Il y faut du zèle, et il faut que cela coûte tout ce que l'on peut investir en sens et en puissances, ainsi les gens seront comme il faut et saisiront Dieu en toutes choses également, et à mesure égale trouveront Dieu en toutes choses.

Et certes, une œuvre est autre qu'une autre ; mais qui ferait son œuvre dans un esprit égal, en vérité, à cette œuvre toutes les autres seraient égales ; et celui qui serait comme il faut, en vérité, pour lui Dieu resplendirait aussi nûment dans le terrestre que dans le plus divin, pour lui Dieu serait advenu. Assurément, ce n'est pas que l'homme lui-même opérerait chose mondaine ou inégale, plutôt : tout ce qui des choses extérieures lui vient par le voir et l'entendre, il doit le tourner vers Dieu. À qui Dieu est ainsi présent en toutes choses et qui à l'ultime est maître de son intellect et l'utilise, lui seul sait ce qu'est la vraie paix, et possède un véritable royaume céleste.

Car pour celui qui doit être comme il convient, il faut que de deux choses l'une advienne : ou bien il doit saisir Dieu et apprendre à le posséder dans ses œuvres, ou bien il doit laisser toute œuvre. Car, étant donné que l'homme, dans cette vie, ne peut être sans œuvres, qui sont humaines et qui sont nombreuses, que l'homme apprenne par conséquent à posséder son Dieu en toutes choses et à demeurer libre d'entraves en toutes œuvres et lieux. Et c'est pourquoi, lorsque le débutant doit opérer quelque chose parmi les hommes, il doit vigoureusement se pourvoir auparavant en Dieu et le placer fermement dans son cœur, et unir à lui toutes ses intentions, pensées, volontés et puissances, en sorte que rien d'autre ne puisse se former dans l'homme*.

---

* Exercer l'intellect *à l'ultime* « en toutes choses », c'est ne pas connaître les choses en tant que telles, mais Dieu en elles ; telle est l'œuvre de l'homme véritablement *détaché.*

8. Du zèle constant dans la croissance la plus haute

L'homme ne doit jamais prendre si favorablement ni réaliser avec tant de bonheur aucune œuvre qu'il en devienne jamais si libre dans ses œuvres ou si assuré que son intellect en devienne jamais paresseux ou ne s'endorme. Il doit toujours s'élever avec les deux puissances de l'intellect et de la volonté, et y saisir à l'ultime ce qui est le meilleur pour lui, et se garder intelligemment de tout dommage, extérieurement et intérieurement ; alors jamais il ne néglige rien en aucune chose, mais sans relâche progresse grandement*.

9. Comment l'inclination au péché est utile à l'homme en tous temps

Tu dois savoir que l'impulsion au vice ne se produit jamais dans l'homme juste sans grand profit et utilité. Or note-le ! Il est deux types d'hommes : l'un de ces hommes est ainsi qu'aucune faiblesse ne l'atteint, ou bien peu ; mais l'autre est ainsi que l'atteignent les faiblesses. Par la présence extérieure des choses son homme extérieur se trouve ébranlé, que ce soit à la colère ou à la vanité ou peut-être à la sensualité,

* Ce développement, le plus court de tout le traité, met un point d'orgue aux considérations premières relatives au détachement, à la déprise, à la nudité et à l'abandon dont l'intellect — de concert avec la volonté — est à la fois le lieu et l'agent. L'idée nouvelle d'une « croissance » de l'homme qui sait ne pas trouver assurance dans l'œuvre accomplie ratifie le posséder-Dieu à même le détachement (cf. ci-dessus, p. 58, note 10).

selon ce qui se présente. Mais avec ses puissances supérieures il se tient tout à la fois constant, inébranlé, et il ne veut pas céder à la faiblesse, ni se mettre en colère ni consentir à aucun péché, et lutte grandement contre ces faiblesses ; car la faiblesse est peut-être naturelle, étant donné que maint homme, par nature, est enclin à la colère ou à la superbe ou à quelque autre chose que ce soit et ne veut pourtant pas commettre le péché. Celui-là doit être bien plus loué et sa récompense est bien plus grande et sa vertu bien plus noble que celle du premier, car perfection de la vertu provient du combat, ainsi que dit saint Paul : « La vertu se parachève dans la faiblesse*. »

L'inclination au péché n'est pas péché, mais vouloir pécher, c'est péché, vouloir se mettre en colère, c'est péché. En vérité, celui qui serait comme il faut, s'il était en son pouvoir de désirer, il ne devrait pas désirer que pour lui passe cette inclination au péché, car sans elle l'homme se tiendrait incertain en toutes choses et en toutes ses œuvres, et sans souci au milieu des choses, et serait aussi privé de l'honneur du combat et de la victoire et de la récompense ; car l'impulsion et la propension au vice, ce sont elles qui apportent la vertu et la récompense dans la peine. Car l'inclination rend l'homme plus zélé à s'exercer toujours grandement à la vertu et le pousse puissamment à la vertu, et elle est un fouet vigoureux qui pousse l'homme à la prudence et à la vertu ; car plus l'homme se sent faible, plus il doit s'armer de force et de victoire. Car la vertu aussi bien que le vice résident dans la volonté.

---

* 2 Co 12,9. Ce développement inaugure une série de considérations relatives à la volonté ; il opère un premier discernement entre inclination (passive) et consentement (actif). La première, non seulement n'est pas péché, mais s'avère profitable, en ce qu'elle est occasion d'une prise de conscience de la faiblesse de l'homme, et partant stimule sa volonté au combat jusqu'à la victoire.

10. Comment la volonté peut toute chose et comment toutes les vertus résident dans la volonté si par ailleurs elle est juste

L'homme ne doit pas tant s'émouvoir de chose quelconque aussi longtemps qu'il se trouve dans une volonté bonne, et il ne doit pas s'attrister s'il n'est pas en mesure de la parachever dans les œuvres ; derechef, il ne doit pas se considérer loin des vertus lorsqu'il trouve en lui une volonté vraiment bonne, car la vertu et tout bien résident dans la volonté bonne. Rien ne saurait te faire défaut si tu as une volonté droite, vraie [—] ni amour ni humilité ni aucune vertu. Mais ce que tu veux fortement et avec toute ta volonté, tu l'as, et Dieu et toutes les créatures ne sauraient te le prendre, si par ailleurs la volonté est totale et est une volonté vraiment divine et au présent. Non pas donc : « Je voudrais bien », ce qui serait encore au futur, mais : « Je veux qu'il en soit maintenant ainsi. » Or note-le ! Une chose serait-elle par-delà mille lieues et la voudrais-je, je l'ai plus proprement que celle que j'ai en moi et que je ne voudrais pas avoir[17].

Le bien n'est pas moins puissant pour le bien que le mal pour le mal. Note-le ! Si je n'avais jamais fait aucune œuvre mauvaise et que pourtant j'aie la volonté pour le mal, j'ai péché comme si j'avais fait cette œuvre ; et je pourrais, de par mon entière volonté, commettre un péché aussi grand que d'avoir tué le monde entier alors que je n'aurais fait pourtant aucune œuvre. Pourquoi ne pourrait-il pas en être ainsi dans une volonté bonne ? Et même beaucoup et incomparablement plus !

En vérité, avec la volonté je peux toute chose. Je peux porter la peine de tous les hommes et nourrir tous les pauvres et opérer l'œuvre de tous les hommes et ce que tu peux imaginer. Si la volonté ne te manque pas, mais seulement le pouvoir, en vérité devant Dieu tu as tout fait, et personne ne peut te l'enlever ni te tromper à ce propos un seul instant ; car vouloir faire aussitôt que je le peux et avoir fait, cela est égal devant Dieu. De même, voudrais-je avoir autant de volonté qu'en a le monde entier, et mon désir en ce sens est-il grand et total, en vérité je l'ai ; car ce que je veux avoir, je l'ai. De même, voudrais-je en vérité avoir autant d'amour que tous les hommes en ont jamais acquis, et louer Dieu autant ou quoi que tu puisses imaginer, tout cela tu l'as en vérité si la volonté est totale.

Or tu aimerais demander, quand la volonté est-elle une volonté droite ?

La volonté est totale et droite dès lors qu'elle n'a aucune attache-propre [18], et dès lors qu'elle est sortie de soi-même et configurée et formée dans la volonté de Dieu [19]. Oui, plus il en est ainsi, plus la volonté est droite et vraie. Et dans la volonté tu peux toutes choses, que ce soit amour ou ce que tu veux.

Tu demandes maintenant : comment pourrais-je avoir cet amour tant que je ne l'éprouve ni ne le perçois, comme je le vois chez maintes gens qui témoignent d'une grande œuvre, et en qui je trouve grande ferveur et choses merveilleuses que je n'ai pas ?

Ici tu dois noter deux choses qui ressortissent à l'amour : l'une est l'essence de l'amour, l'autre une œuvre ou une manifestation de l'amour. Le lieu de l'essence de l'amour est seulement dans la volonté ; qui a plus de volonté, il a aussi plus d'amour. Mais qui en a plus, personne ne le sait de l'autre, cela se trouve caché dans l'âme tant que Dieu se trouve caché dans le fond de l'âme. Cet amour réside entièrement dans la volonté ; qui a plus de volonté, il a aussi plus d'amour.

Il est maintenant une autre chose, c'est une manifestation

et une œuvre de l'amour*. Cela éblouit grandement, ainsi intériorité et ferveur et jubilation, et n'est pas toujours le mieux ; car parfois ce n'est pas par amour, mais cela vient parfois de nature que l'on ait tels goût et douceur, ou ce peut être impression du ciel, ou ce peut être produit par les sens. Et ceux qui en ont davantage, ce ne sont pas toujours les meilleurs ; car, même si cela est bien de Dieu, Notre-Seigneur le donne à de telles gens pour les attirer et pour les stimuler, et aussi pour que par là ils se trouvent franchement en retrait des autres. Mais les mêmes, quand par après ils acquièrent davantage d'amour, facilement n'ont pas autant de sentiments et d'émotions, et ce en quoi il est bien clair qu'ils ont de l'amour c'est lorsque, sans un tel retrait, ils restent fidèles totalement et constamment à Dieu.

Or, même si cela est tout amour, ce n'est pourtant pas ce qu'il y a de meilleur ; voilà qui est clair en cela : que l'on doit interrompre un tel transport pour quelque chose de meilleur en amour, et l'interrompre pour opérer une œuvre d'amour, là où nécessité s'en fait sentir, spirituelle ou corporelle. Comme je l'ai dit souvent : si l'homme était dans un ravissement tel que le fut saint Paul, et s'il y avait un malade qui eût besoin d'une petite soupe de sa part, je tiendrais pour bien meilleur que tu laisses cela par amour et que tu serves le nécessiteux en plus grand amour.

Que l'homme n'aille pas s'imaginer qu'en ce cas il se trouverait dépossédé de grâce ; car ce que l'homme laisse volontairement par amour, cela lui devient bien plus noble, car, ainsi que Christ dit : « Qui laisse quelque chose pour moi, il recevra cent fois plus en retour**. » Oui, en vérité, ce que

* Dans la seconde partie de ce chapitre, Maître Eckhart procède à un discernement entre les diverses expressions de l'amour — les transports qui sont l'apanage des débutants, en regard d'une volonté inébranlable au service du seul amour.

** Mt 19,29.

l'homme laisse et ce à quoi il renonce pour Dieu, serait-ce même que l'homme ait grand désir d'éprouver telle consolation et intériorité et fasse pour cela ce qu'il peut et que Dieu ne le lui donne pas, et s'il se console et en est privé volontiers pour Dieu : en vérité, il le trouvera en lui de même manière que s'il avait eu tout bien qui ait jamais été, en toute possession, et que volontairement il en soit sorti et s'en soit consolé et y ait renoncé pour Dieu ; il recevra cent fois plus. Car ce que l'homme aimerait avoir et dont il se console et se prive pour Dieu, que ce soit corporel ou spirituel, tout cela il le trouve en Dieu, comme si cet homme l'avait eu et qu'il en soit sorti volontairement ; car l'homme doit être dépossédé de toutes choses pour Dieu et se renoncer dans l'amour et se consoler de toute consolation par amour.

Que l'on doive parfois laisser un tel sentiment pour l'amour, c'est ce qu'atteste Paul le bien-aimant lorsqu'il dit : « J'ai désiré être séparé du Christ pour l'amour de mes frères[20]. » Il le pense de cette manière : il ne vise pas l'amour selon son premier mode, car il ne voulait pas en être séparé un instant pour rien de ce qui peut advenir au ciel et sur terre ; il le pense de la consolation.

Tu dois savoir pourtant que les amis de Dieu ne sont jamais sans consolation, car ce que Dieu veut c'est là la consolation la plus élevée, que ce soit consolation ou désolation*.

* La renonciation au sentiment, qui est amour de second mode, ne saurait mettre en péril la possession de l'amour « du premier mode », lequel relève de la logique ontologique du détachement.

11. Ce que l'homme doit faire lorsque Dieu lui fait défaut et s'est caché *

Tu dois savoir aussi que Dieu ne peut faire défaut à la volonté bonne. Plutôt : le sentiment de l'âme est qu'il lui fait défaut, et il s'imagine souvent que Dieu est parti. Que dois-tu faire alors ? La même chose vraiment que tu ferais si tu étais dans la plus grande consolation ; apprends à faire la même chose tandis que tu es dans la plus grande souffrance, et comporte-toi exactement de la façon dont tu te comportais alors. Il n'est si bon conseil pour trouver Dieu que de laisser Dieu ; et ce qu'il en était pour toi quand tu l'avais en dernier, fais-le maintenant alors qu'il te fait défaut, ainsi le trouveras-tu. Plutôt : la volonté bonne jamais ne perd Dieu et jamais celui-ci ne lui fait défaut. Bien des gens disent : nous avons volonté bonne, alors qu'il n'ont pas volonté de Dieu ; ils veulent avoir leur volonté, et veulent apprendre à Notre-Seigneur à agir comme ceci ou comme cela. Ce n'est pas là une volonté bonne. C'est en Dieu que l'on doit chercher sa plus chère volonté.

Ce à quoi Dieu tend en toutes choses, c'est que nous abandonnions notre volonté**. Lorsque saint Paul s'entretenait longuement avec Notre-Seigneur et que Notre-Seigneur parlait longuement avec lui, tout cela ne lui fut d'aucun profit jusqu'à ce qu'il abandonne sa volonté et dise : « Seigneur,

* Avec une logique imperturbable, Eckhart poursuit le discernement engagé entre la volonté droite et l'illusion du sentiment. Est ici révélatrice la réaction que l'homme connaît face à ce qu'il peut ressentir comme une absence de Dieu au niveau immédiat.

** Ce paragraphe est dominé par l'affirmation (six occurrences) que l'homme doit abandonner *sa* volonté ; injonction qui est la face négative d'une présence essentielle de Dieu ressortissant à une dimension proprement ontologique.

que veux-tu que je fasse[21] » ? Car Notre-Seigneur savait bien ce qu'il devait faire. De même aussi, lorsque à Notre-Dame l'ange apparut : tout ce qu'ils dirent, elle ou lui, ne l'aurait jamais faite Mère de Dieu, mais, aussitôt qu'elle eut abandonné sa volonté, aussitôt elle fut une vraie mère du Verbe éternel et conçut Dieu aussitôt : il fut son fils selon la nature. De même aucune chose ne fait un homme vrai que d'abandonner sa volonté. En vérité, si nous n'abandonnons notre volonté en toutes choses, nous ne faisons rien du tout avec Dieu. Plutôt : cela irait-il si loin que nous abandonnions notre entière volonté et que nous ayons l'audace de renoncer à toutes choses pour Dieu, extérieurement et intérieurement, alors nous aurions fait toutes choses et rien auparavant.

Il est peu de gens — ils le savent ou ne le savent pas — qui ne voudraient qu'il en soit ainsi pour eux et qu'ils éprouvent de grandes choses, et qui ne voudraient avoir la manière et le bien ; tout cela n'est rien d'autre qu'une volonté propre. Tu devrais t'en remettre totalement à Dieu avec toutes choses, et ne t'inquiète pas ensuite de ce qu'il fait avec ce qui est à lui. Il est des milliers d'hommes morts et au ciel qui jamais ne sont sortis de leur volonté en toute perfection. Serait seulement volonté parfaite et vraie que l'on soit totalement entré dans la volonté de Dieu et sans volonté propre ; et celui qui de cela a davantage, il est davantage et plus vraiment établi en Dieu. Oui, un *Ave Maria* dit avec cela, et alors que l'homme serait sorti de soi-même avec cela, est plus utile que mille psaumes récités sans cela ; oui, un pas avec cela serait meilleur que la traversée de la mer sans cela.

L'homme qui ainsi serait totalement sorti, avec tout ce qui est sien, en vérité il serait si totalement établi en Dieu que si l'on voulait toucher cet homme, il faudrait d'abord toucher Dieu ; car il est en Dieu complètement, et Dieu est autour de lui comme mon capuchon est autour de ma tête ; et qui voudrait me saisir, il lui faudrait d'abord toucher mon vêtement. De la même manière, si je veux boire, il faut que le breuvage passe d'abord sur ma langue ; c'est là que le breuvage acquiert son goût. La langue est-elle revêtue d'amertume, en vérité, aussi doux soit en lui-même le vin, il lui faut devenir amer du fait de ce par quoi il vient à moi. En vérité, l'homme qui serait totalement sorti de ce qui est sien serait si enveloppé de Dieu que toutes les créatures ne sauraient le toucher à moins de toucher Dieu d'abord, et ce qui devrait parvenir à lui, il lui faudrait parvenir à lui par Dieu ; c'est là qu'il acquiert son goût et devient divin. Si grand soit le pâtir, s'il vient par Dieu, Dieu en pâtit en premier. Oui, dans la vérité que Dieu est, il n'est jamais pâtir si minime qui s'abatte sur l'homme, pour autant qu'on le place en Dieu, que ce soit déplaisir ou contrariété, qui ne touche Dieu incommensurablement plus que l'homme, et qui ne lui soit plus contraire qu'il n'est contraire à l'homme. Mais si Dieu le pâtit pour un bien qu'en cela il a prévu pour toi, et si tu veux pâtir ce que Dieu pâtit et ce qui par lui vient à toi, cela devient alors divin comme de soi, que ce soit opprobre aussi bien qu'honneur, amertume aussi bien que douceur, ténèbres les plus grandes aussi bien que lumière la plus claire : tout cela prend son goût en Dieu et devient divin, car cela se forme entièrement selon lui quoi qu'il advienne à cet homme, car il n'a rien d'autre en vue et n'a goût pour rien d'autre ; et de là il saisit Dieu en toute amertume aussi bien que dans la douceur suprême*.

La lumière luit dans les ténèbres, c'est là qu'on la perçoit. À quoi bon pour les gens la doctrine et la lumière s'ils n'en

* L'image de l'enveloppement, comme d'un vêtement autour du corps, commandée par la « sortie » de lui-même qu'opère l'homme, a une portée qui dépasse la représentation ; elle signifie qu'il n'est d'accès à cet homme, au niveau de son *être,* que dans et par son unité structurelle avec Dieu.

ont utilité ? C'est lorsqu'ils sont dans les ténèbres ou qu'ils sont dans la souffrance que l'on doit voir la lumière.

Oui, plus nous nous appartenons, moins nous appartenons [à Dieu] [22]. L'homme qui serait sorti de ce qui est sien, jamais Dieu ne pourrait lui faire défaut en aucune de ses œuvres. Mais s'il advenait que l'homme se fourvoie en actes ou en paroles ou qu'il commette des choses qui seraient mauvaises : pour autant que Dieu était le principe de l'œuvre, il lui faut de nécessité prendre sur lui le préjudice, et tu ne dois d'aucune manière laisser ton œuvre pour cette raison. De quoi nous trouvons un exemple en saint Bernard et en bien d'autres saints. De tels incidents, l'on ne saurait dans cette vie se trouver jamais totalement exempt. Ce n'est pas parce que la nielle parfois se mélange au blé que l'on doit rejeter le noble blé. En vérité, pour qui serait comme il faut et vraiment proche de Dieu, toutes souffrances telles et incidents seraient de grand profit. Car aux gens de bien toutes choses tournent au bien, comme dit saint Paul [23], et comme dit saint Augustin : « Oui, même les péchés. »

12. À PROPOS DES PÉCHÉS, COMMENT ON DOIT SE COMPORTER QUAND ON SE TROUVE DANS LE PÉCHÉ [24]

En vérité, avoir péché n'est pas péché quand on en a repentance. L'homme ne doit vouloir pécher pour rien de ce qui peut advenir dans le temps et dans l'éternité, ni péché mortel, ni péché véniel, ni aucun péché. Celui qui est vraiment proche de Dieu devrait toujours considérer que le Dieu aimant et fidèle a amené l'homme d'une vie pécheresse dans une vie divine, d'un ennemi sien a fait un sien ami, ce qui est plus que de faire une terre nouvelle[25]. Ce serait l'une des plus grandes choses qui puissent établir l'homme absolument en Dieu, et ce serait miracle combien cela pourrait enflammer l'homme d'amour grand et puissant, au point qu'il sorte absolument de ce qui est sien.

Oui, celui qui serait droitement établi dans la volonté de Dieu, celui-là ne devrait pas vouloir que le péché dans lequel il est tombé n'ait pas eu lieu ; non bien sûr en tant qu'il était contraire à Dieu, mais dans la mesure où par là tu es tenu à plus d'amour et par là es abaissé et humilié, donc [celui qui a commis le péché devrait ne pas vouloir l'avoir commis] seulement pour la raison qu'il a agi contre Dieu. Mais tu dois faire vraiment confiance à Dieu qu'il ne te l'aurait point infligé s'il ne voulait tirer de là le meilleur pour toi. Mais lorsque l'homme se relève totalement de ses péchés et s'en détourne complètement, le Dieu fidèle fait comme si l'homme n'était jamais tombé dans le péché, et il ne veut pas un seul instant lui faire payer tous ses péchés, y en aurait-il autant qu'en firent jamais tous les hommes : cela Dieu jamais ne veut le faire payer, il pourrait avoir avec cet homme toute l'intimité qu'il a jamais eue avec une créature. Si maintenant il le voit disposé autrement, il ne regarde plus ce qu'il a été auparavant. Dieu est un Dieu du présent. Tel il te trouve, tel il t'accueille et te reçoit, non pas tel que tu as été, mais tel que tu es maintenant*. Tout le dommage et l'opprobre qui pourraient advenir à Dieu par tous les péchés, il veut de bon gré les pâtir et les avoir pâtis pendant de nombreuses années pour que l'homme en vienne à une grande connais-

* Il s'agit là, à nouveau, d'une affirmation de portée ontologique : le Dieu d'Eckhart est « un Dieu du présent » — un *maintenant éternel* qui rassemble le passé et l'avenir, en annulant, conformément avec les dispositions actuelles du sujet, ce que ce passé comportait en fait d'éléments négatifs.

sance de son amour, et pour que son amour et sa gratitude soient d'autant plus grands et son sérieux d'autant plus ardent, ce qui de soi et souvent se produit après les péchés.

C'est pourquoi Dieu pâtit de bon gré le dommage des péchés et en a souvent pâti, et très souvent il l'inflige aux hommes qu'il a prédestinés pour les tirer vers de grandes choses. Entends bien ! Qui jamais fut plus cher et plus proche à Notre-Seigneur que ne l'étaient les Apôtres ? Il n'en est aucun qui ne soit tombé dans le péché mortel ; tous ont péché mortellement. Cela il l'a souvent attesté dans l'Ancienne et la Nouvelle Alliance en ceux qui par après lui devinrent les plus chers ; et maintenant encore, il est rare de trouver que les gens en arrivent à de grandes choses à moins d'avoir failli tout d'abord en quelque chose, et par là Notre-Seigneur veut dire que nous connaissions de là sa grande miséricorde, et il veut par là nous inciter à une grande et vraie humilité et ferveur. Car lorsque repentir se renouvelle, l'amour aussi doit se trouver grandement augmenté et renouvelé.

13. De deux sortes de repentirs [26]

Le repentir est de deux sortes : l'un est temporel ou de l'ordre des sens, l'autre est divin et surnaturel. Le temporel tire en tout temps en bas vers plus de peine, et établit l'homme dans un accablement, comme si maintenant il devait désespérer, et là le repentir demeure dans la peine et ne mène pas plus avant ; il n'en advient rien.

Mais le repentir divin est bien autre. Sitôt que l'homme éprouve un manquement, sur-le-champ il s'élève vers Dieu et se dispose à se détourner éternellement de tous péchés dans une volonté inébranlable ; et là il s'élève vers Dieu dans une grande confiance et acquiert une grande sécurité ; et de là procède une joie spirituelle qui soustrait l'âme à toute peine et accablement et l'attache fortement à Dieu. Car, plus l'homme se trouve fragile et plus il a manqué, plus il a de raisons de se lier à Dieu d'un amour sans partage, là où il n'est ni péché ni faiblesse. C'est pourquoi : le degré le meilleur sur lequel on puisse poser le pied lorsque l'on entend aller à Dieu en toute ferveur est que l'on soit sans péché de par la puissance du repentir divin*.

Et plus grave l'on estime le péché, plus Dieu est prêt à remettre le péché et à venir vers l'âme et à chasser le péché ; car tout un chacun déploie le plus grand zèle à se débarrasser de ce qui lui est le plus contraire. Et plus les péchés sont graves et nombreux, plus Dieu les remet sans mesure de bon gré, et d'autant plus vite qu'ils lui sont contraires. Et lorsque donc le repentir divin s'élève vers Dieu, tous les péchés ont disparu dans l'abîme de Dieu plus vite qu'il n'est besoin pour que je ferme les yeux, et se trouvent aussi totalement anéantis que s'ils n'avaient jamais été, pourvu que le repentir soit total**.

---

* Retournement significatif : c'est le repentir véritable, et non l'innocence, qui est le lieu de l'union à Dieu.

** L'effacement du péché est œuvre de Dieu, et il advient à raison de la profondeur du repentir. Lorsque celui-ci s'élève vers Dieu, comment le péché le plus grave ne serait-il pas absorbé dans cet abîme ? Une nouvelle fois, ce n'est pas de convenance morale qu'il s'agit là, mais de nécessité ontologique.

14. De la vraie confiance et de l'espérance

Vrai et parfait amour se jauge à ce que l'on a grande espérance et confiance envers Dieu ; car il n'est chose aucune qui davantage permette de jauger que l'on a amour total que ne le fait la confiance. Car qui aime l'autre beaucoup et totalement, c'est cela qui procure la confiance ; car tout ce que l'on prête à Dieu par la confiance, on le trouve en lui en vérité et mille fois plus. Et donc, de même que jamais homme ne peut trop aimer Dieu, jamais homme ne peut lui faire trop confiance. Autres choses que l'on peut faire ne sont aussi fructueuses que grande confiance en Dieu. Tous ceux qui ont jamais acquis grande confiance en lui, ceux-là jamais il ne laissa d'accomplir de grandes choses avec eux. Par là il a bien attesté en tous ces hommes que cette confiance provient d'amour, car amour n'a pas seulement confiance, mais il a un savoir vrai et une sécurité dont on ne peut douter.

15. De deux sortes de certitude concernant la vie éternelle

Il est en cette vie deux sortes de savoir concernant la vie éternelle : l'un est ce que Dieu lui-même dit à l'homme ou qu'il lui commande par un ange ou qu'il atteste par une lumière particulière ; cela advient rarement et à peu de gens.

L'autre savoir est incomparablement meilleur et plus profitable, et il advient souvent à tous les gens qui aiment parfaitement : c'est que l'homme, par amour et par intimité qu'il a avec son Dieu, lui fasse si totalement confiance et soit si certain de lui qu'il ne puisse douter, et en soit si certain par le fait qu'il l'aime de façon indistincte dans toutes les créatures. Et toutes les créatures lui manqueraient-elles et le renieraient-elles, bien plus Dieu lui-même lui manquerait-il, il n'aurait nulle méfiance ; car amour ne se peut méfier, il se fie à tout bien. Et il n'est nulle nécessité de dire chose aucune à qui aime et à qui est aimé ; car du fait qu'il éprouve qu'il est son ami, du même coup il sait sur-le-champ tout ce qui lui est bon et ressortit à sa béatitude. Car lorsque tu as de l'amour pour lui, sois certain que lui t'aime incommensurablement plus et te fait incomparablement plus confiance. Car il est lui-même la fidélité ; de quoi l'on doit être certain en lui, et de quoi sont certains tous ceux qui l'aiment*.

Cette certitude est de loin plus grande, plus totale et plus vraie que la première, et ne peut tromper. Alors que le dire pourrait tromper, et la lumière serait une fausse lumière. Plus : cette certitude-ci, on l'éprouve dans toutes les puissances de l'âme, et elle ne peut tromper ceux qui l'aiment en vérité ; ils doutent aussi peu que l'homme doute de Dieu, car amour bannit toute crainte. « L'amour n'a pas de crainte », comme dit saint Paul[27], et il est aussi écrit : « L'amour couvre la multitude des péchés[28]. » Car, là où adviennent les péchés, là il ne peut y avoir confiance totale ni amour, car il recouvre totalement le péché ; il ne sait rien des péchés. Non que l'on n'ait pas péché, mais il détruit et chasse totalement les péchés, comme si jamais ils n'avaient été. Car toutes les œuvres de Dieu sont à la fois parfaites et surabondantes ; à qui il pardonne, il pardonne pleinement et totalement, et aussi de bien meilleur gré ce qui est grand que ce qui est petit, et c'est ce qui fait la confiance totale. Ce savoir, je l'estime de loin et incomparablement meilleur, et

* La confiance véritable ne prend pas sa source dans une révélation particulière ; elle est établie dans cette plénitude d'origine qu'est l'être même de Dieu, lequel est toute fidélité. Certitude qui ne peut tromper, parce qu'elle est établie dans l'amour de *ce qui est.*

il apporte plus de récompense et est plus vrai que le premier ; car là n'entrave ni péché ni rien. Car celui que Dieu trouve dans cette égalité d'amour, il le juge d'égale façon, qu'il ait beaucoup failli ou pas. Or celui auquel il est plus pardonné, celui-là doit aimer davantage, comme l'a dit Christ Notre-Seigneur : « Celui à qui il est plus pardonné, celui-là aime plus[29]. »

16. De la vraie pénitence et vie bienheureuse

Bien des gens s'imaginent qu'ils doivent accomplir œuvre grande à propos de choses extérieures, comme de jeûner, marcher pieds nus et autres choses semblables que l'on appelle des pénitences. Vraie pénitence et la meilleure de toutes, par quoi l'on s'amende grandement et à l'ultime, c'est : que l'homme se détourne grandement et parfaitement de tout ce qui n'est pas absolument Dieu et divin en lui et en toutes créatures, et se tourne grandement et totalement et parfaitement vers son Dieu bien-aimé dans un amour inébranlable, en sorte que sa ferveur et son désir soient grands envers lui *. Quelle que soit l'œuvre où tu trouves davantage cette manière d'être, c'est en elle que tu es davantage juste ; et plus il s'en trouve, dans cette même proportion la pénitence est plus vraie, et efface plus de péchés et aussi toute peine. Oui, si tu pouvais au vrai, rapidement, en peu de temps, te détourner ainsi puissamment de tout péché avec une vraie détestation, et te tourner aussi puissam-

* Ici comme en d'autre passages de ce traité, Maître Eckhart use du qualificatif de « vrai » — vraie obéissance, vraie confiance, vraie pénitence — pour accompagner l'attitude qu'il préconise en regard de celle qu'il réprouve. Ce discernement s'opère sur la base d'une attention à Dieu seul, qui détermine la bonté de l'agir, quel que soit son contenu.

ment vers Dieu, aurais-tu commis tous les péchés qui furent perpétrés depuis les temps d'Adam et continuent d'être perpétrés, tout cela te serait totalement pardonné, y compris le châtiment, en sorte que si tu mourais alors tu parviendrais devant la face de Dieu.

C'est là la vraie pénitence, et elle provient singulièrement, de manière la plus parfaite, de la précieuse souffrance en la parfaite pénitence de Notre-Seigneur Jésus-Christ. Plus l'homme s'y configure*, plus tombent de lui tout péché et châtiment du péché. L'homme doit aussi s'accoutumer à se configurer, en toutes ses œuvres en tout temps, à la vie et à l'œuvre de Notre-Seigneur Jésus-Christ, dans tout son faire et laisser et souffrir et vivre, et qu'il y pense en tout temps comme lui a pensé à nous.

Cette pénitence est un esprit absolument élevé au-dessus de toutes choses en Dieu, et quelles que soient les œuvres qui te permettent de le posséder au mieux et que tu l'aies à partir de ces œuvres, fais-les dans la plus grande liberté ; et si pour cela t'entrave quelque œuvre extérieure, comme de jeûner, veiller, lire, ou quoi que ce soit, laisse cela en liberté, sans aucun souci de ce que du coup tu négliges quelque pénitence ; car Dieu ne regarde pas ce qu'est l'œuvre, mais seulement quels sont l'amour et la ferveur et l'esprit qui sont dans les œuvres**. Car pour lui nos œuvres comptent peu, mais

---

* *sich dar în erbildet* : se configurer au Christ, c'est devenir « image » de ce qu'il est lui-même, dans sa vie et dans son œuvre. Chez Eckhart les références au Christ sont relativement rares ; ici, son propos, qui relève de l'essentiel, ne le prend pas comme modèle, dans une visée d'exemplarité : il ne s'agit pas de l'imiter, mais de le rejoindre, en plénitude ontologique.

** Eckhart préconise une « liberté » totale à l'égard des œuvres en leur matérialité, fût-ce celles qui sont censées traduire le véritable repentir, lorsqu'elles deviennent un obstacle pour ce qui seul importe, l'union avec Dieu.

seulement l'esprit que nous mettons dans toutes nos œuvres, et que nous l'aimions uniquement en toutes choses. Car l'homme est par trop rapace à qui Dieu ne suffit pas. Toutes tes œuvres recevront récompense du fait que ton Dieu les sait et qu'en elles c'est lui que tu vises ; que cela te satisfasse en tout temps. Et plus tu le vises en toute déprise et simplicité, plus justement toutes tes œuvres expieront tout péché.

Tu penseras aussi que Dieu a été un sauveur universel du monde entier, et de là je lui suis bien plus redevable de gratitude que s'il m'avait sauvé moi seul. Toi aussi tu dois donc être un sauveur universel de tout ce qu'en toi tu as corrompu par tes péchés ; et avec tout cela jette-toi totalement en lui, car avec tes péchés tu as corrompu tout ce qui est en toi : cœur, sens, corps, âme, puissances et tout ce qui est à toi et en toi, tout cela est tout à fait malade et corrompu. Fuis donc vers lui, en qui il n'est nulle faiblesse mais tout bien, afin qu'il soit un sauveur universel de toutes tes corruptions en toi, intérieurement et extérieurement.

17. Comment l'homme se maintient en paix lorsqu'il ne se trouve pas poussé aux travaux extérieurs tels qu'en ont accompli Christ et de nombreux saints ; comment il doit suivre Dieu

Les gens peuvent bien éprouver peur et accablement du fait que la vie de Notre-Seigneur Jésus-Christ et des saints fut si rude et laborieuse, alors que l'homme n'en est guère capable ni n'est porté à cela. C'est pourquoi, parce que les gens se trouvent en porte-à-faux par rapport à cela[30], ils s'estiment souvent être loin de Dieu, comme s'ils ne pouvaient le suivre.

Cela, personne ne doit le faire. L'homme ne doit jamais d'aucune manière s'appréhender loin de Dieu, ni pour faiblesses, ni pour fragilités, ni pour aucune chose. Maintenant, si jamais tes grandes faiblesses te jettent dehors au point que tu ne puisses t'estimer proche de Dieu, tu dois estimer que Dieu pourtant est proche de toi. Car il y a grand dommage à ce que l'homme dispose Dieu loin de lui ; que l'homme aille loin ou près, Dieu ne va jamais loin, il demeure toujours proche ; et s'il ne peut demeurer à l'intérieur, il ne part jamais plus loin que devant la porte.

Or il en est ainsi de la rigueur à le suivre*. Note bien ce que veut dire pour toi le suivre. Tu dois noter et avoir noté à quoi Dieu t'exhorte le plus fortement ; car tout le monde n'est pas appelé à suivre un unique chemin vers Dieu, comme le dit saint Paul. Si donc tu trouves que le chemin le plus court pour toi ne consiste pas en beaucoup d'œuvres extérieures et grands travaux ou en privations — en quoi il n'y a pas un enjeu de taille, à moins que l'homme n'y soit poussé par Dieu et n'ait la force de l'accomplir sans trouble de son intériorité — et si ne le trouves pas en toi, sois totalement en paix, et n'y accorde pas trop d'importance.

Or tu pourrais dire : si cela ne vaut pas, pourquoi donc ceux qui nous ont précédés, tant de saints, l'ont-ils accompli ?

Considère ceci : Notre-Seigneur leur a donné la manière et leur donna aussi la force de faire en sorte qu'ils puissent suivre cette manière, et cela accompli par eux lui plut : et c'est en cela qu'ils devaient atteindre le mieux pour eux. Car Dieu n'a pas lié le salut des hommes à une quelconque

* *Also ist ez nû in der gestrengicheit des nâchvolgennes* : la « rigueur » qualifie ici la « vérité » de la « suite » ; la suite *véritable* du Christ et des saints n'est pas imitation littérale de modèles extérieurs, mais fidélité à une exigence intérieure, à la *manière* particulière que chacun a de confesser que Dieu est tout.

manière particulière. Ce qu'une manière a, l'autre ne l'a pas ; la capacité de faire, Dieu l'a donnée à toutes manières bonnes, et à aucune manière bonne il ne l'a refusée. Car un bien n'est pas contraire à l'autre bien. Et c'est en quoi les gens doivent remarquer qu'ils font mal : lorsque d'aventure ils rencontrent un homme de bien ou entendent parler de lui et qu'il ne suit pas leur manière, alors tout est perdu ; s'il n'est pas accordé à leur manière, du coup ils mésestiment sur-le-champ leur manière bonne et leur intention bonne. Ce n'est pas juste. Il faut davantage estimer la manière des gens, le fait qu'ils ont une ferveur bonne, et ne mépriser la manière de personne. Tout un chacun ne peut avoir une seule manière, et tous les hommes ne peuvent avoir une seule manière, ni un homme toutes les manières et celles de tout un chacun.

Que tout un chacun tienne à sa manière bonne et puise en elle toute manière et saisisse dans sa manière tout bien et toute manière*. Changement dans la manière fait manière et esprit instables. Ce qui peut t'être donné dans une manière, tu peux aussi l'obtenir dans l'autre, pourvu qu'elle soit bonne et louable et qu'elle ne vise que Dieu ; tous les hommes ne peuvent suivre une seule voie. Et il en est de même quand il s'agit de suivre la rigueur de tels saints. Cette manière, tu dois certes l'aimer et elle doit certes te plaire, quand bien même tu n'as pas à la suivre.

Or tu pourrais dire : Notre-Seigneur Jésus-Christ, lui, eut toujours la manière la plus haute, c'est lui qu'il est juste que nous suivions toujours.

C'est bien vrai ! C'est Notre-Seigneur que l'on doit suivre en toute équité, non pourtant en toute manière. Notre-Sei-

---

* Eckhart est attentif à l'originalité de chaque destinée, qui n'a pas à se modeler extérieurement sur une autre. Ce n'est pas sur la matérialité du moyen qu'il faut s'arrêter, mais sur l'*esprit* qui l'anime.

gneur jeûna quarante jours. Personne ne doit s'attacher à le suivre en cela. Christ a accompli beaucoup d'œuvres en ayant en vue que nous devions le suivre spirituellement, et non corporellement. Et c'est pourquoi l'on doit s'efforcer de pouvoir le suivre selon l'intellect ; car il a misé davantage sur notre amour que sur nos œuvres. Nous devons toujours le suivre à notre allure.

Comment cela ?

Note-le : en toutes choses. — Comment et selon quelle manière ?

Comme je l'ai dit souvent : j'estime bien meilleure une œuvre selon l'intellect qu'une œuvre selon le corps[31].

Comment cela ?

Christ a jeûné quarante jours. Suis-le en ce que tu perçois ce à quoi tu es le plus enclin ou disposé : laisse-toi sur ce point, et connais-toi bien toi-même. Cela te profite souvent plus de te laisser en cela sans tergiverser que si tu te privais toujours de toute nourriture. Et de même il t'est parfois plus difficile de taire un mot que de t'abstenir totalement de tout discours. Et de même il est parfois plus difficile à un homme de supporter un petit mot méprisant, qui ne renferme rien, que peut-être un grand coup auquel il se serait attendu, et il lui est plus difficile d'être seul dans la foule que dans un désert, et il lui est souvent plus difficile de laisser une petite chose plutôt qu'une grande, et d'accomplir une petite œuvre plutôt que celle que l'on tient pour très grande. C'est ainsi que l'homme, jusque dans sa faiblesse, peut certes suivre Notre-Seigneur, et ne peut et ne doit jamais s'estimer loin de lui.

18. En quelle manière l'homme peut accepter, quand cela lui convient, mets délicats et vêtements recherchés et joyeux compagnons, selon qu'ils lui sont attachés par convenance naturelle

Tu ne dois pas être troublé, à propos de nourriture et de vêtements, de ce qu'ils te semblent trop bons, mais habitue le fond de ton être et ton esprit à se tenir élevé loin au-dessus de cela, et rien ne doit le mouvoir à faire et à aimer que Dieu seul ; il doit être élevé au-dessus de toutes les autres choses.

Pourquoi ?

Parce que ce serait le fait d'une faible intériorité que de se laisser mesurer par le vêtement extérieur ; c'est l'intérieur qui doit mesurer l'extérieur, dans la mesure seulement où cela te revient. Plus : s'il en est autrement pour toi, tu peux à partir de ton propre fond le prendre en bonne part, de sorte que tu t'y retrouves, et, s'il en était autrement, que tu le prennes de bon gré et volontiers. Ainsi en va-t-il en ce qui concerne la nourriture et les amis et parents, et tout ce que Dieu te donne ou te retire.

Et donc j'estime meilleur que toute chose que l'homme s'abandonne grandement à Dieu[32], quelle que soit la chose qu'il veuille lui infliger, que ce soit opprobre, que ce soit travaux, et quelque souffrance que ce soit, qu'il l'accepte et le reçoive avec joie et gratitude, et qu'il se laisse conduire par Dieu plutôt que l'homme ne s'y porte de lui-même. Et c'est pourquoi laissez-vous de bon gré instruire de toutes choses par Dieu, et suivez-le, vous vous en trouverez bien ! Et dans cet état d'esprit on peut certes accepter honneur ou bien-être. Que si s'abattaient sur l'homme épreuve et déshonneur, que l'on puisse aussi les porter et vouloir les porter de bon gré. Et c'est pourquoi c'est à bon droit et de façon délibérée que peuvent manger ceux qui seraient tout aussi bien disposés à jeûner*.

Et c'est bien la raison qui fait que Dieu exempte ses amis de grandes et nombreuses souffrances ; ce qu'autrement ne pourrait souffrir sa fidélité sans mesure, pour la raison que tant et de si grands avantages résident dans la souffrance, et qu'il ne veut ni ne tient pour convenable de négliger les siens en aucunes choses bonnes ; et il se satisfait volontiers d'une volonté droite et bonne ; autrement il ne les soustrairait à aucune souffrance en raison de l'avantage inestimable qui réside dans la souffrance.

Et donc, dès lors que Dieu est satisfait, sois en paix ; si une autre chose lui plaît en toi, sois également en paix. Car l'homme doit être intérieurement si totalement à Dieu en toute sa volonté qu'il ne se trouble guère ni de la manière ni des œuvres**. Et c'est de façon singulière que tu dois fuir toute singularité, que ce soit en vêtements, en aliments, en paroles — comme d'user de grands mots — ou singularité des gestes, car il n'y a là aucun profit. Plus : tu dois savoir que toute singularité ne t'est pas pour autant interdite. Il est nombre de singularités auxquelles il faut tenir en bien des moments et près de bien des gens ; car celui qui est singulier, il lui faut aussi agir de façon singulière en mainte circonstance et de bien des manières.

L'homme doit s'être configuré[33] intérieurement à Notre-Seigneur Jésus-Christ en toutes choses, de sorte que l'on trouve en lui un reflet de toutes ses œuvres et de son image

---

* Ce chapitre, de grande clarté, met à nouveau en lumière le thème de la liberté intérieure vis-à-vis des moyens matériels et de toute réalité « corporelle » et extérieure.

** Sur un exemple précis, Eckhart présente une variante de ce qu'il n'a cessé de redire : seule importe la force avec laquelle la volonté est remise à Dieu, et non pas l'œuvre extérieure, avec son cortège d'agréments et de désagréments.

divine ; et l'homme doit porter en lui, en une parfaite égalisation, aussi loin qu'il le peut, toutes ses œuvres. Tu dois œuvrer, et lui se doit de recevoir. Fais, toi, ton œuvre de toute ta ferveur et de toute ton intention ; habitue ton esprit à cela en tout temps, et qu'en toutes œuvres tu te configures à lui.

19. Pourquoi Dieu permet souvent que des gens de bien, qui sont bons en vérité, se trouvent fréquemment entravés dans leurs œuvres bonnes

Ce pour quoi le Dieu fidèle permet que fréquemment ses amis succombent à leur faiblesse, c'est pour qu'ils soient privés de tout secours vers quoi se tourner ou sur quoi s'appuyer. Car, pour un homme aimant, ce serait une grande joie qu'il puisse faire choses nombreuses et grandes, que ce soit en veilles, en jeûnes ou en d'autres exercices et en choses singulièrement grandes et difficiles ; ce leur est là une grande joie et un soutien et une espérance, si bien que pour eux leurs œuvres sont un appui et un soutien et motif de confiance. C'est cela que Notre-Seigneur veut leur ôter, et il veut être seul leur appui et leur motif de confiance. Et cela il le fait pour nulle autre raison que par simple bonté et miséricorde. Car Dieu, rien ne le met en mouvement pour œuvre quelconque que sa propre bonté ; nos œuvres ne méritent en rien que Dieu nous donne ou fasse pour nous quelque chose. Voilà ce que veut Notre-Seigneur, que ses amis échappent à cela, et il les écarte de cet appui pour la raison qu'il faut que lui seul soit leur appui. Car il veut leur donner grandement, et ne le veut pour autre raison que sa libre bonté ; et il doit être leur appui et consolation, et ils doivent se découvrir et s'estimer pur néant en tous les grands dons de Dieu ; car plus nu et plus dépris l'esprit tombe en Dieu et se trouve soutenu par lui, plus profondément l'homme se trouve établi en Dieu et devient réceptif à tous les dons les plus précieux de Dieu. Car l'homme doit bâtir uniquement sur Dieu.

20. Du corps de Notre-Seigneur, comment on doit le recevoir souvent, et dans quelle manière et ferveur *

Qui voudrait recevoir le corps de Notre-Seigneur n'a pas besoin de scruter ce qu'il découvre ou ressent en lui, ou quels sont son recueillement ou sa ferveur, mais il doit considérer comment sont disposées sa volonté et son intention. Tu ne dois pas surestimer ce que tu éprouves, plutôt : prête grande attention à ce que tu aimes et à ce que tu vises.

L'homme qui veut et entend aller librement à Notre-Seigneur doit d'abord faire en sorte qu'il trouve sa conscience sans aucune séquelle du péché. En second lieu, que la volonté de l'homme soit tournée vers Dieu, qu'il n'ait rien en vue et n'ait plaisir que de Dieu et de ce qui est totalement divin, et qu'il ait déplaisir à ce qui est inégal à Dieu. Car c'est en cela même que l'homme aussi doit tester qu'il est loin ou qu'il est proche de

* Ce chapitre, l'un des plus longs, avec son *Amen* final, frappe par son style homélitique. Plus que d'autres encore, il trahit la volonté d'enseigner, en transposant sur un point précis (la communion eucharistique) l'affirmation partout présente : il ne faut point se fier au sentiment, mais à la réalité de *ce qui est*.

Dieu : dans la mesure précisément où il est plus ou moins acquis à cela. En troisième lieu, il doit témoigner de ce que son amour pour le sacrement et pour Notre-Seigneur progresse par là toujours plus, et que sa crainte respectueuse n'est pas amoindrie par cet accès fréquent. Car ce qui souvent est vie d'un homme est mort de l'autre[34]. C'est pourquoi tu dois observer en toi si ton amour pour Dieu progresse et si ton respect ne s'éteint pas : plus souvent tu accèdes alors au sacrement, bien meilleur es-tu, et c'est aussi bien meilleur et plus utile. Et c'est pourquoi ne te laisse pas éloigner de ton Dieu par paroles et prédications ; car d'autant plus [tu en approches], meilleur c'est et bien plus agréable à Dieu. Car Notre-Seigneur trouve plaisir à habiter dans et avec l'homme.

Or tu pourrais dire : Hélas, Seigneur, je me trouve si nu et froid et indolent, c'est pourquoi je n'ose pas aller vers Notre-Seigneur !

Je dis alors : d'autant plus as-tu besoin d'aller vers ton Dieu ; car c'est par lui que tu deviendras enflammé et ardent, et c'est en lui que tu seras sanctifié et à lui seul relié et uni, car la grâce tu la trouves dans le sacrement, et nulle part ailleurs aussi proprement, en sorte que tes forces corporelles se trouvent là unifiées et rassemblées par la précieuse force de la présence corporelle du corps de Notre-Seigneur, à telle guise que tous les sens dispersés de l'homme et son esprit se trouvent là rassemblés et unifiés, et eux qui pris séparément trop penchaient vers le bas se trouvent là redressés ordonnés à Dieu. Et par le Dieu qui habite en eux, ils se trouvent apprivoisés aux choses intérieures et déshabitués des obstacles corporels venant des choses du temps, et ils deviennent prompts en choses divines, et, fortifié par son corps, ton corps ainsi se trouve renouvelé*. Car nous devons nous trou-

* Le thème de l'« habitation » corporelle de Dieu en l'homme rejoint celui du primat de l'intériorité, et détermine en lui une « habitude » divine.

ver transformés en lui[35], et totalement unis, en sorte que ce qui est sien devient nôtre, et tout ce qui est nôtre devient sien, notre cœur et le sien un seul cœur, et notre corps et le sien un seul corps. Et donc nos sens et notre volonté, nos intentions, puissances et membres doivent se trouver transportés en lui, de sorte que l'on éprouve ce qui est sien et que l'on en prenne conscience dans toutes les puissances de corps et d'âme.

Or tu pourrais dire maintenant : Hélas, Seigneur, je n'ai conscience de grandes choses en moi, que pauvreté ! Comment donc oserais-je aller vers lui ?

Assurément, si tu veux transformer totalement ta pauvreté, va donc au trésor surabondant de toute richesse sans mesure, alors tu seras riche ; car tu dois savoir de l'intérieur que lui seul est le trésor qui peut te suffire et peut te combler. Dis : « C'est pourquoi j'irai vers toi, pour que ta richesse comble ma pauvreté, et que toute ton immensité comble mon indigence, et que ta divinité sans mesure, inconcevable[36], comble mon humanité par trop vile et corrompue. »

Hélas, Seigneur, j'ai beaucoup péché, je ne saurais l'expier !

C'est pourquoi va vers lui, il a dignement expié toute faute. C'est en lui que tu peux offrir le digne sacrifice au Père céleste pour toute ta faute.

Hélas, Seigneur, j'aimerais bien m'adonner à la louange, et je ne le peux !

Va vers lui, lui seul est une bénédiction agréable au Père, et une louange sans mesure, authentique, parfaite, de toute bonté divine.

Bref, veux-tu de toute faiblesse être totalement délivré, et te trouver revêtu de vertus et de grâces et conduit et mené délicieusement vers l'origine avec toutes vertus et grâces, fais en sorte que tu puisses recevoir dignement et souvent le sacrement ; alors tu te trouveras uni à lui et ennobli par son corps. Oui, dans le corps de Notre-Seigneur, l'âme se trouve menée si près de Dieu qu'il n'est anges ni chérubins ni séraphins qui puissent connaître ni trouver de distinction entre eux deux. Car là où ils touchent Dieu, là ils touchent l'âme, et là où ils touchent l'âme, là c'est Dieu. Jamais il n'y eut union si proche, car l'âme est unie à Dieu plus étroitement que ne le sont corps et âme, qui constituent un seul homme. Cette union est bien plus étroite que si quelqu'un versait une goutte d'eau dans une coupe de vin : là il y aurait eau et vin, et cela se trouve si transformé en un que toutes les créatures ne sauraient y trouver une distinction.

Or tu pourrais dire : Comment cela se peut-il ? Je n'éprouve rien de rien !

En quoi cela importe-t-il ? Moins tu éprouves et plus fortement tu crois, plus ta foi est louable et plus elle doit se trouver estimée et louée, car une foi totale est bien plus qu'une vaine pensée dans l'homme. Car en elle nous avons un savoir vrai. En vérité, rien ne nous fait défaut qu'une vraie foi. S'il nous semble que nous avons plus de bien dans une chose plutôt que dans l'autre, cela ne tient qu'à des lois extérieures, et il n'y a pas plus en l'une qu'en l'autre. Par conséquent, à égalité de foi, égalité dans la réception et dans l'avoir.

Or tu pourrais dire : Comment pourrais-je croire choses plus grandes quand je ne me trouve pas ainsi, mais faible et incliné à bien des choses ?

Vois, tu dois noter en toi deux choses que Notre-Seigneur avait aussi en lui. Il avait les puissances supérieures et les inférieures ; elles avaient aussi deux opérations : ses puissances supérieures avaient en partage et en jouissance la béatitude éternelle. Quant aux puissances inférieures, elles étaient aux mêmes heures dans la souffrance et le combat les plus grands sur terre, et de ces opérations aucune n'entravait l'autre dans sa mise en œuvre [37]. Ainsi doit-il en être en toi, les puissances supérieures doivent être élevées en Dieu et totalement ordonnées et reliées à lui. Plus : assurément, toute souffrance, on doit la remettre au corps et aux puissances inférieures et aux sens ; quant à l'esprit, il doit s'élever de toute sa force, et, dépris, s'abîmer en son Dieu. Plus : les souffrances des sens et des puissances inférieures ne regardent pas l'esprit, pas plus que cette tentation ; car plus le combat est fréquent et violent, plus aussi la victoire et l'honneur de la victoire sont grands et louables[38] ; car plus la tentation est grande et l'assaut du vice violent, et que l'homme néanmoins les surmonte, plus aussi la vertu t'est propre et est chère à ton Dieu. Et c'est pourquoi : si tu veux accueillir dignement ton Dieu, prends conscience de la façon dont tes puissances supérieures sont orientées vers ton Dieu et dont ta volonté recherche sa volonté, et que tu sois tourné vers lui d'intention et que ta fidélité en lui soit constante.

Jamais l'homme ne reçoit le précieux corps de Notre-Seigneur dans cette disposition sans recevoir grâce particulièrement grande, et d'autant plus fréquemment, avec d'autant plus de profit. L'homme pourrait-il recevoir le corps de Notre-Seigneur dans une telle ferveur et intention, et l'homme serait-il en passe d'entrer dans le chœur inférieur des anges, le recevrait-il ainsi une seule fois qu'il se trouverait élevé jusqu'au second ; oui, pourrais-tu le recevoir dans une ferveur telle, tu te trouverais digne d'entrer dans le huitième ou le neuvième chœur. C'est pourquoi : deux hommes seraient-ils égaux en toute leur vie, et l'un aurait-il reçu dignement le corps de Notre-Seigneur une fois de plus que l'autre, par là cet homme doit être à jamais devant l'autre comme un soleil étincelant et être en union particulière avec Dieu*.

* Cette remarque n'est pas à entendre comme la valorisation d'un surcroît d'ordre quantitatif, mais comme une attestation de l'infini que porte en lui-même cet acte, dans sa singularité.

Cet acte de recevoir le corps de Notre-Seigneur et de s'en délecter bienheureusement ne réside pas uniquement dans la délectation extérieure, il réside aussi dans une délectation spirituelle, avec un esprit de désir et en fervente union. Cela, l'homme peut le recevoir avec tant de confiance qu'il devient plus riche en grâce qu'aucun homme sur terre. Cela, l'homme peut le faire mille fois en un jour et davantage, où qu'il soit, qu'il soit malade ou en bonne santé. Plus : on doit s'y disposer comme pour le sacrement, et selon la manière d'un bon ordonnancement et selon l'ampleur du désir. Si toutefois l'on n'a pas de désir, que l'on s'y incite et s'y prépare et s'y conforme, ainsi devient-on saint dans le temps et bienheureux dans l'éternité ; car imiter Dieu et le suivre, c'est cela l'éternité. Que nous la donnent le maître de la vérité et l'amant de la pureté et la vie de l'éternité. Amen.

21. Du zèle

Quand un homme veut recevoir le corps de Notre-Seigneur, il peut bien y accéder sans trop de souci. Il sied seulement, et c'est grand profit, de se confesser auparavant, même si la conscience ne vous condamne pas, pour le fruit du sacrement de la confession. Mais s'il se trouvait que chose quelconque condamne l'homme, et qu'il ne puisse se confesser en raison d'un contretemps, qu'il aille vers son Dieu et qu'il se dise coupable avec grand repentir, et qu'il soit en paix jusqu'à ce qu'il ait le loisir de se confesser. Que si dans l'intervalle disparaissent les pensées et le remords du péché, il peut penser que Dieu aussi les a oubliés. On doit se confesser à Dieu plutôt qu'aux hommes, et, si l'on est coupable, estimer grandement la confession par-devant Dieu et s'accuser avec douleur. On ne doit pas non plus, avec légèreté, lorsque l'on veut s'approcher du sacrement, laisser cela et s'en dispenser pour une pénitence extérieure, car c'est l'intention de l'homme dans les œuvres qui est droite et divine et bonne.

On doit apprendre à être dépris dans les œuvres. Mais pour un homme non exercé cela sort du commun que cet homme en vienne à n'être entravé par aucune présence ni aucune œuvre — et il faut pour cela grand zèle — et que Dieu lui soit présent et brille constamment en sa nudité, en quelque temps que ce soit et en tout milieu. Il y faut un zèle continu, et deux choses en particulier : l'une, que l'homme se tienne enfermé intérieurement, que son esprit soit préservé des images qui se trouvent à l'extérieur, qu'elles demeurent extérieures, et que d'aucune manière abusive elles ne le rejoignent ni ne l'accompagnent, et qu'aucune ne trouve place en lui. L'autre, qu'en ce qui concerne ses images intérieures [—] que ce soient des images ou une élévation de l'esprit, ou des images de l'extérieur ou quoi que ce soit que l'homme ait présent [—], qu'il ne s'y abandonne ni ne se disperse ni ne les extériorise dans la multiplicité. L'homme doit entraîner et centrer sur cela toutes ses puissances, et avoir présente son intériorité*.

Or tu pourrais dire : il faut que l'homme sorte de soi s'il doit opérer des œuvres extérieures ; car aucune œuvre ne peut se trouver opérée que dans l'image qui lui est propre.

C'est bien vrai. Mais l'extériorité des images n'est pas extérieure pour les hommes exercés ; car toutes choses, pour les hommes intérieurs, sont une manière divine intérieure.

---

* Ce double rappel de la primauté de l'intériorité, tant en ce qui regarde la confession que la méfiance vis-à-vis des images, pose immédiatement le problème du rapport de cette volonté bonne à l'extériorité de l'œuvre ; une question qui va dominer les derniers développements de ce traité.

Voilà qui avant toutes choses est nécessaire : que l'homme accoutume bien et totalement à Dieu son intellect et qu'il l'exerce, ainsi sera-t-il en tout temps intérieurement divin*. Pour l'intellect, rien n'est aussi propre ni aussi présent ni aussi proche que Dieu. Jamais il ne se tourne ailleurs. Vers les créatures il ne se tourne pas sans que lui advienne alors violence et injustice ; là il se trouve vraiment brisé et perverti. Que s'il est corrompu dans un homme jeune, ou en quelque homme que ce soit, il faut alors qu'à grand zèle il se trouve éduqué, et il faut pour cela faire tout ce que l'on peut qui réhabitue l'intellect et l'entraîne. Car, quelque propre ou naturel lui soit Dieu, lorsque pourtant d'emblée il se trouve perverti et enraciné dans les créatures et défiguré avec elles et accoutumé à cela, alors pour cette part il se trouve si affaibli et impuissant par rapport à soi, et ses nobles intentions si fortement entravées, que tout le zèle dont l'homme est capable est toujours trop faible pour qu'il se réhabitue ainsi pleinement. A-t-il fait tout cela qu'il a encore besoin de rester sur ses gardes.

Avant toutes choses, l'homme doit veiller à prendre fortement de bonnes habitudes[39]. Qu'un homme non habitué et non exercé veuille se comporter et agir à la manière d'un homme habitué, il pourrait totalement se corrompre et rien de bon jamais ne sortirait de lui. C'est lorsque l'homme lui-même s'est totalement déshabitué d'emblée de toutes choses et s'est rendu étranger à elles qu'il peut après cela opérer toute son œuvre de façon vraie, et en toute déprise en user et en être privé sans gêne. Plus : lorsque l'homme aime quelque chose et y prend plaisir et s'y livre complaisamment, que

* Plutôt qu'une attention à la réalisation d'œuvres extérieures, le zèle, pour Maître Eckhart, concerne la culture et l'affinement de l'intellect, c'est-à-dire la clarté de la vision intérieure.

ce soit en aliments ou en boisson ou en quelque chose que ce soit, cela ne peut être sans faiblesse dans un homme inexercé.

L'homme doit s'accoutumer à ne rien rechercher ni viser de ce qui est sien dans chose aucune, et à trouver et saisir Dieu en toutes choses. Car Dieu ne donne ni n'a jamais donné aucun don pour que l'on possède ce don et que l'on s'y repose ; mais tous dons que jamais il donna au ciel et sur terre, il les donna afin de pouvoir donner un seul don : ce qu'il est lui-même*. Avec tous ces dons il veut nous préparer au don qu'il est lui-même ; et toute œuvre que Dieu ait jamais opérée au ciel et sur terre, il l'a opérée en raison d'une seule œuvre qu'il entendait opérer : c'est de se rendre bienheureux, afin de pouvoir nous rendre bienheureux. Je dis donc : dans tous les dons et dans toutes les œuvres nous devons apprendre à contempler Dieu, et ne nous laisser satisfaire en rien et ne nous fixer en rien. À mode aucun il n'est pour nous d'arrêt en cette vie, et jamais il n'y en eut pour aucun homme, si loin qu'il soit jamais parvenu. Avant toutes choses, l'homme doit en tout temps être tourné vers les dons de Dieu, et toujours à nouveau.

J'évoque brièvement quelqu'un qui avait grand désir d'obtenir quelque chose de Notre-Seigneur ; je dis alors : au cas où elle[40] ne serait pas vraiment prête et que Dieu lui donnât ce don sans qu'elle y soit préparée, alors il se corromprait.

Une question : Pourquoi n'était-elle pas prête ? Elle avait pourtant une volonté bonne, et vous dites que cette volonté peut toutes choses et qu'en elle résident toutes choses et la perfection.

C'est vrai. Il faut retenir deux acceptions concernant la volonté : l'une est une volonté contingente et une volonté

* Tout ce qui est « donné » à l'homme va paradoxalement dans le sens du détachement — dans la mesure où Dieu, le don par excellence, est reconnu comme *le seul* qui importe.

inessentielle, l'autre est une volonté déterminée et volonté efficiente et une volonté cultivée par l'habitude[41].

Évidemment, il ne suffit pas que l'esprit de l'homme soit détaché ponctuellement, au moment où l'on veut se lier à Dieu, mais il faut que l'on ait un détachement bien exercé, qui soit d'avant et d'après*. Alors on peut obtenir grandes choses de Dieu et Dieu dans les choses. Et si l'on n'est pas prêt, l'on corrompt le don, et Dieu avec le don. C'est la raison pour laquelle Dieu ne peut nous faire des dons toutes les fois que nous l'en prions. La faute ne lui en revient pas, car il est mille fois plus prompt à donner que nous à recevoir. Mais nous lui faisons violence et tort en ce que nous l'entravons en son œuvre naturelle par notre manque de préparation.

L'homme, dans tous les dons, doit apprendre à sortir de soi et ne rien garder en propre et ne rien rechercher, ni profit, ni plaisir, ni intimité, ni douceur, ni récompense, ni royaume céleste, ni volonté propre. Dieu jamais ne se donna ni ne se donne jamais en une telle volonté étrangère. Ce n'est qu'en sa propre volonté qu'il se donne. Où Dieu trouve sa volonté, là il se donne à elle et se laisse[42] en elle avec tout ce qu'il est. Et plus nous nous défaisons de ce qui est nôtre, plus nous devenons vrais dans elle. C'est pourquoi il ne lui suffit pas qu'en une seule fois nous nous laissions nous-mêmes et toutes les choses que nous possédons et qui sont en notre pouvoir, mais nous devons nous renouveler souvent, et ainsi nous unifier et déprendre nous-mêmes en toutes choses.

De même est-il fort utile que l'homme ne se contente pas d'avoir les vertus dans l'esprit, comme obéissance, pauvreté

---

* Autrement dit, le détachement ne doit pas être d'un temps seulement : il est « d'avant et d'après ». C'est un état, une « habitude », une disposition qui doit devenir connaturelle à l'homme comme elle l'est à Dieu.

et autres vertus, mais l'homme doit s'exercer lui-même aux œuvres et aux fruits des vertus, et s'éprouver souvent, et désirer et vouloir être exercé et éprouvé par les gens. Car ce n'est pas assez que l'on exerce les œuvres de la vertu ou que l'on puisse exercer l'obéissance, ou que l'on puisse accepter pauvreté ou opprobre, ou que d'autre manière l'on puisse s'humilier ou se laisser, mais on doit s'y entraîner et ne jamais cesser jusqu'à ce que l'on acquière la vertu en son essence et en son fond. Et qu'on la possède, on peut le tester à ceci : lorsque l'on se trouve enclin à la vertu avant toutes choses, et lorsque l'on opère l'œuvre de la vertu sans y préparer sa volonté et qu'on l'opère sans dessein propre de chose juste et grande, et qu'elle s'opère davantage pour elle-même et pour l'amour de la vertu, et pour aucun pourquoi — c'est alors que l'on possède la vertu parfaitement, et pas avant*.

Que l'on apprenne à se laisser jusqu'à ce que l'on n'ait plus rien en propre. Toutes tempêtes et inquiétude viennent toujours de volonté propre, que l'on s'en aperçoive ou que l'on ne s'en aperçoive pas. On doit s'en remettre soi-même, avec tout ce qui est sien, dans une volonté et un désir limpides défaits d'eux-mêmes, à la bonne et très chère volonté de Dieu, avec tout ce que l'on peut vouloir et désirer en toutes choses.

Une question : doit-on aussi renoncer volontairement à la douceur de Dieu ? Cela ne pourrait-il venir aussi bien d'indolence et de moindre amour pour lui ?

Oui, tout à fait, n'était cette différence**. Car, que cela vienne d'indolence ou de vrai détachement ou d'abandon,

* Primauté de l'*habitus*, qui permet d'accomplir l'œuvre avec aisance, comme le fait le virtuose exerçant son art. La maîtrise acquise est sans justification extrinsèque : on reconnaît ici le thème du « sans pourquoi », détermination essentielle d'un agir vrai.

** Ce chapitre s'achève sur un discernement entre le vrai détachement et ce qui relève de la paresse ou de l'indolence.

on peut le remarquer à ceci que, se trouvant dans l'état où l'on est totalement délaissé intérieurement, on fait alors autant confiance à Dieu que si l'on était dans les plus grands transports, et qu'ici l'on fasse tout ce que l'on ferait là, et pas moins, et que l'on se tienne détaché de toute consolation et secours, comme l'on ferait si l'on éprouvait Dieu présent.

Pour l'homme droit [qui se trouve] dans cette volonté parfaitement bonne, aucun temps ne peut alors être trop court. Car, lorsque la volonté est telle qu'elle veut totalement tout ce qu'elle peut — non seulement maintenant, mais, devrait-elle vivre mille ans, elle ferait tout ce qui est en son pouvoir — cette volonté est d'autant de prix que ce que l'on aurait pu faire en œuvres pendant mille ans : tout cela, devant Dieu, elle l'a fait.

22. Comment l'on doit suivre Dieu, et de la bonne manière de faire *

L'homme qui veut inaugurer vie ou œuvre nouvelles doit aller vers son Dieu, et doit solliciter de lui, avec grande force et totale ferveur, qu'il accommode le meilleur pour lui et ce qui pour lui est le plus cher et le plus digne, et qu'il ne veuille et ne vise là rien de ce qui est sien, que seulement la très chère volonté de Dieu, et rien d'autre. Quoi que Dieu alors accommode pour lui, qu'il le prenne immédiatement

* Dans ce chapitre, Eckhart reprend, et selon la même articulation, les deux thèmes connexes du « suivre Dieu » et de la « manière » qu'il faut assumer pour cela — manière qui, quand elle est conforme au destin de tel homme, contient toutes les autres (cf. ci-dessus, pp. 83 sq.).

de Dieu, et le tienne pour ce qu'il y a de meilleur pour lui, et qu'il soit en cela totalement et tout à fait en paix.

Que si par après une autre manière de faire lui plaît davantage, il doit penser : cette manière de faire, Dieu te l'a attribuée, et elle est pour lui la meilleure. De quoi il doit faire confiance à Dieu, et il doit intégrer toute manière de faire bonne dans cette même manière de faire, et saisir en celle-ci et selon celle-ci toutes choses, quelles qu'elles soient. Car ce que Dieu a fait et donné en bien à une manière de faire, cela on peut le trouver aussi en toutes bonnes manières de faire. Car en une manière de faire on doit prendre toute bonne manière de faire, et non la propriété de cette manière de faire. Car il faut que l'homme ne fasse jamais qu'une seule chose, il ne peut pas faire toutes les choses. Il faut qu'il y ait toujours une seule chose, et c'est dans cette seule chose que l'on doit saisir toutes choses. Car si l'homme voulait tout faire, et ceci et cela, et laisser là sa manière de faire et prendre une autre manière de faire qui en cet instant lui plairait bien davantage, en vérité, cela causerait grande inconstance ; car l'homme qui, se retirant du monde, entrerait pour toujours dans un ordre serait plus tôt parfait que ne le serait jamais celui qui d'un ordre passerait dans un autre, si saint qu'il ait été : cela en raison du changement de la manière de faire. Que l'homme adopte une bonne manière et s'en tienne toujours à elle, et inclue en elle toute manière bonne, et soit attentif à ce qu'elle soit reçue de Dieu, et ne commence pas aujourd'hui une chose et demain une autre, et soit sans aucun souci qu'en cela il néglige jamais quelque chose. Car avec Dieu on ne peut rien négliger ; aussi peu Dieu peut-il négliger quelque chose, aussi peu peut-on avec Dieu négliger quelque chose. C'est pourquoi prends de Dieu une seule chose, et en cela inclus tout bien.

Est-ce le cas pourtant que cela ne puisse s'accorder, qu'une chose ne tolère pas une autre, que cela te soit un signe certain que ce n'est pas de Dieu. Un bien n'est pas contraire à l'autre ; car, comme le dit Notre-Seigneur : « Tout royaume qui en lui-même est divisé, il lui faut disparaître[43] », et comme il dit aussi : « Qui n'est pas avec moi est contre moi, et qui n'amasse pas avec moi dissipe[44] », que cela te soit donc un signe certain : si quelque bien ne tolère pas l'autre bien ou même un moindre bien ou le détruit, cela n'est pas de Dieu. Il devait enrichir et non pas détruire.

Tels furent les brefs propos qui furent introduits ici : il est hors de doute que le Dieu fidèle prend tout un chacun en ce qu'il a de meilleur.

C'est sûrement vrai, et jamais il ne prend un homme gisant qu'il eût pu tout aussi bien trouver debout, car la bonté de Dieu vise toute chose en ce qu'elle a de meilleur.

On demanda alors pourquoi donc Dieu ne reprendrait pas les gens dont il sait qu'ils doivent perdre la grâce du baptême, de sorte qu'ils meurent durant l'enfance avant qu'ils n'en viennent à l'âge de raison, puisqu'il sait d'eux qu'ils doivent tomber et ne pas se relever — ne serait-ce pas là ce qu'il y a de meilleur pour eux ?

Je dis alors : Dieu n'est destructeur d'aucun bien, mais il est celui qui accomplit ! Dieu n'est pas un destructeur de la nature, mais il est celui qui accomplit. La grâce non plus ne détruit pas la nature, elle l'accomplit. Or si Dieu détruisait ainsi la nature en son commencement, il lui adviendrait violence et injustice ; cela, il ne le fait pas. L'homme a une volonté libre au moyen de laquelle il peut choisir bien et mal, et Dieu lui dispense la mort quand il a mal agi et la vie lorsqu'il a bien agi. L'homme doit être libre et maître de toute ses œuvres, non détruit et non contraint. La grâce ne détruit pas la nature, elle l'accomplit. La gloire ne détruit pas la grâce, elle l'accomplit, car gloire est accomplissement de grâce. Il n'est donc rien en Dieu qui détruise aucune chose qui ait quelque part d'être, mais il est celui qui accomplit toutes choses*. Ainsi nous ne devons détruire en nous le moindre bien ni une modeste manière de faire pour une grande, mais nous devons l'accomplir jusqu'à l'ultime.

On parla alors d'un homme qui devait à nouveau commencer une nouvelle vie, et je parlai alors de cette manière : que l'homme devait devenir un chercheur de Dieu en toutes choses et un découvreur de Dieu en tout temps et en tous lieux et auprès de toutes gens en toutes manières de faire. En quoi l'on peut en tout temps et sans relâche grandir et croître, et ne jamais cesser de grandir.

23. Des œuvres intérieures et extérieures

Un homme voudrait-il se retirer en soi-même avec toutes ses puissances, intérieures et extérieures, et se tiendrait-il là de telle sorte qu'en lui il n'y ait nulle image ni contrainte, et se tiendrait-il ainsi sans aucune œuvre, intérieure et extérieure : on doit certes alors se demander si quelque chose serait encore capable d'être attirant pour lui-même. Mais s'il se trouve que cet homme ne veut pas se laisser attirer à une œuvre et ne veut pas l'entreprendre, c'est alors que l'on doit s'assujettir à une œuvre, qu'elle soit intérieure ou extérieure — car l'homme ne doit se satisfaire en rien, si bon cela paraisse ou soit — afin que, se trouvant lui-même dans l'infortune ou la contrainte subies, au point que l'on puisse

* Ce respect de Dieu pour tout ce qui a « une part d'être » est commandé par le fait que tout ce qui est en Dieu est Dieu. Nature, grâce, gloire sont trois états qui, déjà selon Thomas d'Aquin, forment une chaîne en laquelle chaque économie s'accomplit dans l'autre, en croissance continue. L'originalité de Eckhart est d'affirmer que l'être, dans sa noblesse indestructible, est la base permanente de tout ce procès.

croire l'homme agi plus qu'agissant lui-même, l'homme apprenne là à coopérer avec son Dieu*. Non que l'on doive s'évader de son intérieur ou s'y soustraire ou le renier, mais c'est en lui et avec lui et à partir de lui que l'on doit apprendre à œuvrer de telle sorte que l'on projette l'intériorité dans l'opérativité, et que l'on introduise l'opérativité dans l'intériorité, et que l'on s'accoutume ainsi à œuvrer librement. Car on doit tourner le regard vers cette œuvre intérieure et opérer à partir de là, que ce soit lire, prier ou — si cela convient — œuvre extérieure. Si toutefois l'œuvre extérieure va à détruire l'intérieure, que l'on suive l'intérieure. Mais si toutes deux pouvaient être en une, ce serait le mieux, en sorte que l'on ait un coopérer avec Dieu.

Une question maintenant : comment peut-il y avoir un coopérer, puisque l'homme s'est détourné de lui-même et de toutes les œuvres, et qu'alors — comme le dit saint Denys : il parle le plus bellement de Dieu celui qui, en raison de la plénitude de la richesse intérieure, peut le plus se taire à son propos — s'abîment image et œuvre, la louange et la reconnaissance, ou ce qu'il pourrait opérer** ?

Une réponse : une œuvre lui demeure pourtant en équité et proprement, c'est : un néantiser de soi-même. Pourtant l'anéantissement et l'amoindrissement de soi-même ne sont jamais si grands que cela ne soit insatisfaisant pour lui, à moins que Dieu n'accomplisse aussi cette même chose en

* Le détachement n'est pas le choix du rien pour le rien, mais n'a de sens qu'eu égard au tout qu'est Dieu. Signe de cette vérité est la capacité de l'homme intérieur de coopérer extérieurement avec Dieu — cet agir étant la venue au jour de l'intériorité qui le détermine.

** À la prendre au pied de la lettre, cette objection conduirait à l'assèchement de l'agir — ce à quoi Eckhart va répondre ici même. La référence à Denys reste indéterminée ; en tel autre passage de son œuvre (Sermon 83), Eckhart attribue cette pensée à Augustin.

lui*. Car l'humilité n'est vraiment parfaite que lorsque Dieu humilie l'homme par l'homme lui-même**, et c'est alors seulement que l'homme s'y retrouve, et la vertu aussi, et pas avant.

Une question : comment Dieu doit-il anéantir l'homme par lui-même ? Il semble que l'anéantissement de l'homme serait son élévation de par Dieu, car l'Évangile ne dit-il pas : « Celui qui s'abaisse sera élevé[45] » ?

Réponse : oui et non ! Il doit s'abaisser lui-même, et cela même ne peut être suffisant si Dieu ne le fait ; et il doit se trouver élevé, non que l'abaisser soit une chose et l'élever une autre ; mais la hauteur suprême de l'élévation réside dans l'abîme profond de l'humilité. Car plus l'abîme est profond et bas, plus hautes aussi et démesurées l'élévation et la hauteur, et plus le puits est profond, plus aussi il est haut ; la hauteur et la profondeur sont une seule chose[46]. C'est pourquoi, plus quelqu'un peut s'abaisser, plus il est élevé ; et c'est pourquoi Notre-Seigneur dit : « Celui qui veut être le plus grand, qu'il devienne le plus petit parmi vous[47] ! » Qui veut être cela doit devenir ceci. Cet être n'est trouvé que dans ce devenir. Qui devient le plus petit, celui-là est en vérité le plus grand ; mais qui est devenu le plus petit, celui-là est dès maintenant le plus grand de tous. Et c'est ainsi que devient vrai et accompli le mot de l'évangéliste : « Qui s'abaisse sera élevé ! » Car tout notre être ne réside en rien qu'en un devenir-rien[48].

---

* L'homme ne sera en mesure de coopérer avec Dieu que si Dieu a d'abord opéré en lui cet « anéantissement » créateur qu'est le détachement. Rien n'est repris par conséquent de ce qui vient d'être affirmé (cf. ci-dessus, p. 103, note en bas de page) : Dieu ne saurait jamais détruire rien de ce qui est.

** L'homme n'atteindra à l'anéantissement vrai (au « détachement ») que si Dieu réalise en lui cette œuvre. Humilier l'homme *par lui-même* : en le remettant à son néant essentiel.

« Ils sont devenus riches en toutes vertus[49] », ainsi est-il écrit. Assurément, cela ne peut jamais advenir que l'on ne devienne d'abord pauvre de toutes choses. Qui toute chose veut recevoir, il lui faut aussi perdre toute chose. C'est un marché égal et une égale contrepartie, ainsi que je l'ai dit il y a longtemps[50]. Pour la raison que Dieu veut nous donner soi-même et toute chose en franche propriété, pour cette raison il veut nous reprendre totalement toute possession. Oui, en vérité, Dieu ne veut d'aucune manière que nous ayons rien en propre, fût-ce ce qui pourrait se loger dans mon œil. Car tout don qu'il nous ait jamais donné, ni don de nature ni don de grâce, jamais il ne le donna autrement qu'en voulant que nous n'ayons rien en propre ; et cela il ne l'a donné ni à sa mère, ni à aucun homme, ni à aucune créature d'aucune manière. Et c'est pour nous en instruire et nous en doter qu'il nous enlève souvent les biens à la fois corporels et spirituels ; car l'honneur ne doit pas nous revenir en propre, mais à lui seul. Plus : nous devons posséder toute chose comme si elle nous était prêtée, et non donnée, sans aucune propriété, que ce soit corps ou âme, sens, puissances, biens extérieurs ou honneur, amis, parents, maisons, terres, toutes choses*.

Qu'est-ce donc que Dieu a en vue par là, que cela lui tienne tellement à cœur ?

C'est qu'il veut être lui-même uniquement et absolument notre bien propre. Cela il le veut et l'a en vue, et il lui tient à cœur qu'il puisse et doive nécessairement l'être. En cela réside ses plus grandes délices et son plaisir. Et plus et plus grandement il peut être cela, plus grandes sont ses délices et

---

* C'est parce que Dieu *se* donne lui-même à l'homme *en propre* (et avec lui toutes choses) que celui-ci est effectivement spolié de toute « propriété » qui vaudrait pour lui comme une adjonction. Le posséder ne saurait en effet s'ajouter à l'*être*.

sa joie ; car plus nous avons toutes choses en propre, moins nous l'avons en propre, et moins nous avons toutes choses, et moins nous avons d'amour pour toutes choses, plus nous le possédons avec tout ce qu'il peut procurer. C'est pourquoi, lorsque Notre-Seigneur voulut parler de toutes les béatitudes, il mit la pauvreté en esprit au-dessus de toutes, et elle fut la première en signe de ce que toute béatitude et perfection ont en tout et absolument leur origine dans la pauvreté en esprit. Et en vérité : s'il y avait un fondement sur lequel tout bien devait se trouver édifié, il ne le serait pas sans cela[51].

Dès lors que nous nous dénudons des choses qui sont extérieures à nous, Dieu en retour nous donnera en propre tout ce qui est dans le ciel, et le ciel avec toute sa puissance, oui, tout ce qui jamais flua de lui et que possèdent tous les anges et les saints, pour que cela soit notre bien propre autant que le leur, oui, plus qu'aucune chose ne m'est propre. En retour de ce que je sors de moi pour lui, Dieu doit être, avec tout ce qu'il est et peut procurer, absolument mon bien propre, autant mien que sien, ni plus ni moins. Mille fois plus doit-il être mon bien propre que jamais aucune chose qu'aucun homme ait acquise [et] qu'il garde dans son coffre, ou qu'il ne fut jamais à lui-même. Jamais rien ne me fut si propre que Dieu doit être mien avec tout ce qu'il peut et est.

Ce bien propre nous devons le gagner en ce qu'ici-bas nous sommes sans propriété de nous-mêmes et de tout ce qui n'est pas lui ; et plus parfaite et plus déprise est cette pauvreté*, plus ce bien est propre. Et la contrepartie correspondante ne doit pas être visée ni jamais prise en considération, et l'œil ne doit jamais se porter sur ce que l'on gagnera ou recevra, mais seulement pour l'amour de la vertu. Car plus dépris, plus en propre, comme dit le noble Paul : « Nous devons avoir comme n'ayant pas, et cependant posséder tou-

* Il s'agit de la pauvreté *en esprit* dont il vient d'être question.

tes choses[52]. » Il n'a pas de propriété celui qui rien ne désire ni ne veut avoir en lui-même ni en tout ce qui est extérieur à lui, oui, même en Dieu et en toutes choses.

Veux-tu savoir ce qu'est un vrai homme pauvre ?

L'homme est vraiment pauvre en esprit qui peut se passer volontiers de tout ce qui n'est pas nécessaire. C'est pourquoi celui qui se tenait nu dans le tonneau[53] dit au grand Alexandre qui dominait le monde entier : « Je suis un bien plus grand seigneur que tu ne l'es ; car j'ai méprisé plus de choses que tu n'en possèdes. Ce que tu estimes grand à posséder m'est trop petit à mépriser. » Il est bien plus heureux celui qui peut se passer de toutes choses et n'en a nul besoin que celui qui possède toutes choses en en ayant besoin. L'homme le meilleur est celui qui peut se passer de ce dont il n'a pas besoin. C'est pourquoi qui peut le plus se priver et mépriser a le plus laissé. Cela apparaîtrait une grande chose qu'un homme donnât mille marcs d'or pour Dieu et avec son bien édifiât nombre d'ermitages et de couvents, et nourrisse tous les pauvres ; ce serait une grande chose. Plutôt : il serait bien plus heureux celui qui autant de choses pour Dieu mépriserait*. Cet homme posséderait un vrai royaume des cieux qui pour Dieu pourrait renoncer à toutes choses, quoi que Dieu donne ou ne donne pas.

Tu dis alors : Oui, Seigneur, ne serais-je pas pourtant une cause et un obstacle par mes faiblesses ?

As-tu des faiblesses, prie Dieu souvent, si c'est là son honneur et si cela lui plaît qu'il t'en délivre, car sans lui tu en es incapable. S'il t'en délivre, remercie-le ; et s'il ne le fait pas, souffre-le pour lui, plus : non pas comme une faiblesse due au péché, mais comme une grande épreuve, et en cela tu

* L'œuvre bonne, y compris la charité concrète et le souci du pauvre, ne serait rien sans le détachement qui doit l'inspirer.

obtiendras récompense et exerceras ta patience. Tu dois être en paix, qu'il te donne ses dons ou ne te les donne pas.

Il donne à chacun selon ce qui est le mieux pour lui et ce qui lui convient. Doit-on tailler un habit à quelqu'un, il faut le faire selon ses mesures ; celui qui conviendrait à l'un ne conviendrait pas du tout à l'autre. L'on mesure pour chacun selon ce qui lui convient. De même, Dieu donne à chacun le tout meilleur selon qu'il sait lui être le plus adéquat. En vérité, qui lui fait totalement confiance reçoit et possède autant dans ce qui est le plus minime que dans ce qui est le plus grand. Dieu voudrait-il me donner ce qu'il donna à saint Paul[54], je le recevrais de bon gré, s'il le voulait. Plutôt : étant donné qu'il ne veut pas me le donner maintenant — car à bien peu de gens il accorde de le savoir en cette vie — pour la raison que Dieu ne me le donne pas il m'est aussi cher, et je lui dis un aussi grand merci et suis en aussi totale paix de ce qu'il me le retient que de ce qu'il me le donne ; et cela me satisfait et m'est aussi cher que s'il le faisait, à condition que par ailleurs je sois comme je dois être. En vérité, je devrais me satisfaire de la volonté de Dieu : en tout ce que Dieu voudrait opérer ou donner, sa volonté devrait m'être si chère et si précieuse que ce ne serait pas moins pour moi que si c'était à moi qu'il donnait le don et en moi qu'il opérait cela. Ainsi tous dons seraient miens non moins que toutes œuvres de Dieu, et toutes les créatures y engageraient-elles ce qui pour elles est le meilleur ou le pire, elles ne sauraient me l'ôter en rien. De quoi me plaindre alors, puisque les dons de tous les hommes sont mon bien propre* ? En vérité, j'aurais tant de satisfaction en ce que Dieu ferait pour moi

* L'attention à la volonté de Dieu, dépouillée de toute appropriation personnelle (cf. Sermon 52, *Du détachement et autres textes, op. cit.*, p. 75 sq.), est la « pointe » de tout ce traité. Signe de liberté est le fait qu'alors on ne prête pas attention au contenu du don, quel qu'il soit.

ou en ce qu'il me donnerait ou ne me donnerait pas, que je ne voudrais pas dépenser un heller pour avoir une vie dont je saurais qu'elle est la meilleure.

Or tu dis : Je crains de ne pas y mettre assez de zèle, et de ne pas l'entretenir comme je le pourrais !

Que cela te soit peine, et souffre-le avec patience, et prends-le comme une épreuve et sois en paix. Dieu pâtit de bon gré opprobres et désagréments, et veut de bon gré se passer du service et de la louange qui lui reviennent pour que le possèdent en paix ceux qui le recherchent et lui appartiennent. Pourquoi donc n'aurions-nous pas la paix, quoi qu'il nous donne ou de quoi que nous manquions ? Ainsi est-il écrit, et Notre-Seigneur dit, qu'« ils sont bienheureux ceux qui pâtissent pour la justice[55] ». En vérité, un voleur qui serait sur le point d'être pendu, qui l'aurait bien mérité et aurait de fait commis un larcin, et un homme qui a assassiné et qu'à bon droit l'on soumettrait au supplice de la roue : s'ils pouvaient trouver à dire : vois, tu vas le pâtir pour la justice, car on en agit justement envers toi, ils seraient immédiatement bienheureux. En vérité, quelque injustes que nous soyons, si nous recevions de Dieu ce qu'il nous ferait ou ne nous ferait pas, si nous le recevions de lui comme juste et pâtissions pour la justice, nous serions bienheureux. C'est pourquoi ne te plains de rien que de cette seule plainte que tu te plaignes encore et que rien ne te satisfasse ; plains-toi seulement de ce que tu as trop. Car celui-là serait comme il doit être qui recevrait aussi bien dans la privation que dans la possession.

Or tu dis : Las ! Dieu opère de si grandes choses en beaucoup de gens, et ils se trouvent ainsi établis au-dessus de leur être par l'être divin, et c'est Dieu qui opère en eux et non pas eux.

Remercies-en Dieu pour eux, et s'il te le donne, en nom de Dieu prends-le ; s'il ne te le donne pas, tu dois en être volontiers privé, et ne vise rien que lui, et ne sois pas préoccupé de savoir si c'est Dieu qui opère tes œuvres ou si c'est toi qui les opères : car il faut que ce soit Dieu qui les opère si tu n'as que lui seul en vue, qu'il le veuille ou ne le veuille pas*.

Ne t'inquiète pas non plus de savoir ce que d'être ou de manière d'être Dieu donne à chacun. Serais-je assez bon et saint pour qu'il faille m'élever parmi les saints, les gens alors discourraient et se demanderaient si c'est grâce ou nature ce qui est en lui, et seraient par là déconcertés. En cela ils ont tort. Laisse Dieu opérer en toi, attribue-lui l'œuvre, et ne te préoccupe pas de savoir s'il opère avec la nature ou au-dessus de la nature ; la nature et la grâce sont toutes deux siennes[56]. Que t'importe avec quel moyen il lui plaît d'opérer, ou ce qu'il opère en toi ou en un autre ? Il doit opérer comme, où et de la manière qui lui plaît.

Un homme aurait bien aimé acheminer l'eau d'une source dans son jardin, et dit : « Pourvu que j'aie de l'eau, je ne prête aucune attention à ce que peut être la conduite par laquelle elle me parvient, qu'elle soit de fer ou de bois, ou d'os, ou rouillée, pourvu que j'aie de l'eau. » Ils ont donc tort ceux qui s'inquiètent de ce par quoi Dieu opère son œuvre en toi, si c'est nature ou grâce. Laisse-le donc opérer, et sois en paix.

Car autant tu es en Dieu, autant tu es en paix, et autant hors de Dieu, autant tu es hors de la paix. Chose quelconque est-elle en Dieu, elle possède la paix. Autant en Dieu, autant en paix. Connais en cela à quel point tu es en Dieu et s'il en est autrement : en ce que tu possèdes ou non la paix ; car, si tu n'as pas la paix, en cela il te faut de nécessité ne pas être en paix, car le manque de paix provient de la créature et non

* Ce qui n'est pas contrainte faite à Dieu, mais reconnaissance, entre lui et l'homme, d'un lien d'ordre *ontologique*.

de Dieu. Aussi n'est-il rien en Dieu qui soit à craindre ; tout ce qui est en Dieu, cela seul est aimable. De même il n'est rien en lui qui engendre tristesse.

Qui a tout ce qu'il veut et ce qu'il désire a la joie ; cela, nul ne le possède que celui dont la volonté est absolument une avec la volonté de Dieu. Cette union, Dieu nous la donne. Amen.

LIBER « BENEDICTUS »

I. Le livre de la consolation divine

Benedictus deus et pater domini nostri Jesu Christi, etc.

Le noble apôtre saint Paul énonce cette parole : « Béni soit Dieu et le Père de Notre-Seigneur Jésus-Christ, un Père de miséricorde et Dieu de toute consolation, qui nous console dans toutes nos afflictions[1]. » Il est trois sortes d'afflictions qui touchent l'homme et l'oppressent dans cet exil. L'une est liée à la pénurie de biens extérieurs. L'autre est liée à ses parents et à ses amis. La troisième est liée à lui-même quant au mépris, quant à l'épreuve et quant aux douleurs du corps et quant à la souffrance du cœur.

C'est pourquoi j'ai la volonté de consigner en ce livre quelque doctrine dans laquelle l'homme puisse se consoler dans toute épreuve sienne, affliction et souffrance, et ce livre a trois parties. Dans la première on trouve quelque vérité d'où l'on prendra ce qui légitimement et entièrement peut et doit consoler l'homme dans toute sa souffrance. Après quoi l'on trouve ici environ trente articles et enseignements où dans chacun l'on peut se consoler vraiment et totalement. À la suite de quoi l'on trouve dans la troisième partie de ce livre des exemples en œuvres et en paroles que des gens sages ont accomplies et énoncées lorsqu'ils étaient dans la souffrance.

1.

Il faut d'abord savoir que le sage et [la] sagesse, vrai et vérité, juste et justice, bon et bonté* ont à voir l'un avec l'autre et se comportent ainsi l'un en regard de l'autre : la bonté n'est ni créée ni faite ni engendrée ; plutôt, elle est engendrante et engendre l'homme bon, et l'homme bon, pour autant qu'il est bon, est non fait et non créé et pourtant enfant et fils engendré de la bonté. La bonté et tout ce qu'elle est s'engendre dans l'homme bon ; être, savoir, aimer et opérer, elle [les] répand tout en même temps dans l'homme bon, et l'homme bon prend tout son être, savoir, aimer et opérer du cœur et du tréfonds de la bonté et d'elle seule. Bon et bonté ne sont rien qu'une bonté, un en tout excepté le fait d'engendrer et de se trouver-engendré ; pourtant l'engendrer de la bonté et le se trouver-engendré dans le bon est tout entier un être, une vie**. Tout ce qui relève du bon, il le prend aussi bien de la bonté que dans la bonté. C'est là qu'il est et vit et demeure. C'est là qu'il se connaît lui-même et [connaît] tout ce qu'il connaît, et aime tout ce qu'il aime, et opère, avec la bonté dans la bonté et la bonté avec lui et en lui, son œuvre, selon qu'il est écrit et [selon que] parle le Fils : « Le Père, demeurant intérieurement et habitant en moi, opère l'œuvre[2]. » « Le Père opère jusqu'à maintenant, et moi j'opère[3]. »

---

* Il s'agit à chaque fois d'un rapport, qui se révélera d'identité, entre le sujet humain doté de ces qualités et la réalité ultime qu'est Dieu. Ce principe métaphysique-mystique est à la fois le coup d'archet et la basse continue de ce traité.

** À l'instant même où Eckhart souligne la différence entre *engendrer* et *être — engendré* — ce qui vaut de Dieu et de l'homme, mais aussi et d'abord du Père et du Fils —, il ne rabat rien de leur identité. Entre eux circule une même *vie*, un même *être*, selon le principe eckhartien de l'identité entre substance et relation.

Tout ce qui est du Père, cela est mien, et tout ce qui est mien et de moi, cela est de mon Père[4] : sien en tant que donnant et mien en tant que recevant.

Il faut encore savoir que le nom ou le mot, lorsque nous disons « bon », n'énonce et n'implique en lui rien d'autre, ni moins ni plus, que nue et limpide bonté ; cependant il se donne[5]. Lorsque nous disons « bon », on entend que sa bonté lui est donnée, infusée et innée par la bonté qui n'est pas née. C'est pourquoi l'Évangile dit : « Comme le Père a la vie en lui-même, ainsi a-t-il donné au Fils qu'il ait aussi la vie en lui-même[6]. » Il dit « en lui-même », non « de lui-même », car le Père la lui a donnée.

Tout ce que je viens de dire du bon et de la bonté, cela est également vrai du vrai et de la vérité, du juste et de la justice, du sage et de la sagesse, du Fils de Dieu et de Dieu le Père, de tout ce qui est né de Dieu et n'a pas de père sur terre, dans quoi ne s'engendre pas tout ce qui est créé, tout ce qui n'est pas Dieu, dans quoi il n'est d'autre image que Dieu seul nu limpide. Car ainsi s'exprime saint Jean dans son Évangile, qu'« à tous ceux-là est donné pouvoir, et ils en ont capacité, de devenir fils de Dieu, qui ne sont pas nés du sang ni de la volonté de la chair ni de la volonté de l'homme, mais de Dieu et à partir de Dieu seul[7] ».

Par le sang, il vise tout ce qui en l'homme n'est pas soumis à la volonté de l'homme. Par la volonté de la chair, il vise tout ce qui dans l'homme est soumis à sa volonté, pourtant avec une rébellion et avec une révolte, et [qui] incline vers les convoitises de la chair et est commun à l'âme et au corps et n'est pas à proprement parler dans l'âme seule ; et de là les puissances deviennent lasses, infirmes et caduques*. Par

* La première partie de l'affirmation de saint Jean concerne les valeurs de la « chair », au sens de compromission avec le mal. Elles viennent de ce que l'« âme » s'y trouve comme masquée par l'opacité du « corps » — pour autant que celui-ci la détermine de façon unilatérale et la tire vers

la volonté de l'homme, saint Jean vise les puissances supérieures de l'âme, dont la nature et son œuvre sont sans mélange avec la chair et se tiennent dans la limpidité de l'âme, détachées du temps et de l'espace et de tout ce qui a quelque goût et confiance envers temps et espace, qui avec le rien n'ont rien en commun, là où l'homme est formé selon Dieu, là où l'homme est de la race de Dieu et de la parenté de Dieu. Et pourtant, parce qu'elles ne sont pas Dieu même et [que] dans l'âme et avec l'âme [elles] sont créées, il faut qu'elles se trouvent dépouillées de leur image propre et revêtues de l'image de Dieu seul[8], et qu'elles se trouvent engendrées en Dieu et de Dieu, afin que Dieu seul soit Père ; car ainsi sont-elles également fils de Dieu et Fils unique de Dieu. Car je suis fils de tout ce qui me façonne et engendre égal selon lui et dans soi. Un homme ainsi fait, fils de Dieu, bon [en tant que] fils de la bonté, juste [en tant que] fils de la justice, dans la mesure où il est seulement son fils, elle est alors inengendrée-engendrante, et son fils engendré a le même être que la justice a et est, et a accès à tout ce qui est propre à la justice et à la vérité[9].

De toute cette doctrine qui est consignée dans le saint Évangile et connue avec certitude dans la lumière naturelle de l'âme douée d'intellect, l'homme trouve consolation vraie pour toute souffrance[10].

Saint Augustin dit : à Dieu rien n'est loin ni long. Veux-tu qu'à toi rien ne soit loin ni long, accorde-toi à Dieu, car

le bas. En regard, le « dans l'âme seule » désigne le mouvement selon lequel l'homme, dans la vérité de son existence historique, est reconduit à son origine première, alors que, avant d'être créé, c'est-à-dire dans l'idée de Dieu et comme Dieu lui-même, il « était ce qu'il était » (cf. Sermon 52, in *Du détachement et autres textes, op. cit.*, pp. 75-76). Le rapport est le même que celui que Eckhart instaurera, et presque dans les mêmes termes, au début du sermon *De l'homme noble* : cf. ci-dessous, p. 163.

là mille ans sont comme l'aujourd'hui[11]. Je dis donc : en Dieu n'est pas tristesse ni souffrance ni épreuve. Veux-tu être libre de toute épreuve et souffrance, tiens-toi à Dieu et tourne-toi limpidement vers Dieu seul. Sûrement, toute souffrance provient de ce que tu ne te tournes pas en Dieu ni vers Dieu seul. Te tiendrais-tu seulement façonné[12] et engendré dans la justice, pour vrai il n'est chose qui puisse te faire souffrir, pas plus que la justice Dieu même. Salomon dit : « Le juste, rien ne l'attriste de tout ce qui peut lui advenir[13]. » Il ne dit pas « l'homme juste » ni « l'ange juste », ni ceci ni cela. Il dit « le juste ». Ce que le juste a en propre, singulièrement le fait que sa justice existe et que c'est lui qui est juste, cela est fils et a un père sur terre et est créature et est fait et créé, car son père est fait créature ou créé*. Mais le juste limpide, parce que cela n'a pas de père créé ni fait, et que Dieu et justice sont totalement un et justice seule son père, pour cette raison souffrance et épreuve ne peuvent tomber sur lui, pas plus que sur Dieu. Justice ne peut en rien le faire souffrir, car justice est toute joie, amour et délices ; et aussi bien, si justice faisait souffrir le juste, elle se ferait souffrir elle-même. Rien d'inégal et d'injuste ni quoi que ce soit de fait ni de créé ne pourrait faire souffrir le juste, car tout ce qui est créé est loin au-dessous de lui, aussi loin qu'au-dessous de Dieu, et n'exerce pas d'impression ni d'influence sur le juste ni ne s'engendre en lui dont le père est Dieu seul. C'est pourquoi l'homme doit être fort zélé à se dépouiller de l'image de soi-même et de toutes créatures**, et à ne savoir

---

* La justice que l'on reçoit et que l'on possède vient encore de la terre, et n'est pas en tant que telle exempte de souffrance, alors que la justice que l'on *est* est de provenance divine et ne saurait souffrir dommage quelconque.

** Cf. ci-dessus, p. 116, note en bas de page. La notion d'*image*, dans la triplicité de ses acceptions — *entbildunge, bildunge, überbildunge* — n'est décidément pas d'ordre ascético-moralisant, mais directement ontode père que Dieu seul ; ainsi rien ne peut le faire souffrir ni le troubler, ni Dieu ni créature, ni créé ni incréé, et tout son être, vie, connaître, savoir et aimer, est de Dieu et en Dieu et Dieu.

Il est encore une autre chose que l'on doit savoir, qui aussi console l'homme dans toute son épreuve. C'est que sûrement l'homme juste et bon se réjouit incomparablement, même inexprimablement plus dans l'œuvre de la justice que lui ou aussi bien l'ange le plus élevé ne goûte délices et joie dans son être ou sa vie naturels. Et c'est pourquoi les saints donnaient joyeusement leur vie pour la justice.

Or je dis : quand à l'homme bon et juste advient un préjudice de l'extérieur, et qu'il demeure d'humeur égale et immobile dans la paix de son cœur, est alors vrai ce que j'ai dit, que le juste rien ne le trouble de ce qui lui advient. S'il se trouve toutefois qu'il est troublé par le préjudice extérieur, pour de vrai il est alors équitable et juste que Dieu ait disposé que le préjudice soit advenu à l'homme qui voulait et s'imaginait être juste alors pourtant que de si petites choses pouvaient le troubler. Si donc c'est le droit de Dieu, alors pour de vrai il ne doit pas s'en troubler, mais il doit s'en réjouir bien plus que de sa vie propre, dont pourtant tout un chacun se réjouit davantage et qui lui est de plus de valeur que ce monde tout entier ; car que servirait à l'homme ce monde tout entier si lui-même n'existait pas [14] ?

La troisième parole que l'on peut et doit savoir est que, selon la vérité naturelle, Dieu seul est une source unique et veine de toute bonté, d'essentielle vérité et consolation, et

logique. Encore et toujours, la « consolation » eckhartienne ne relève pas de la psychologie, mais est de nature proprement métaphysique. C'est pourquoi, plutôt que d'avoir affaire à un discours qui procéderait à une analyse des états d'âme, l'on assiste ici à un véritable « déplacement » où la justice est scrutée selon sa dimension proprement ontologique.

tout ce qui n'est pas Dieu, cela de soi-même a amertume naturelle et désolation et souffrance, et n'ajoute rien de rien à la bonté qui est de Dieu et est Dieu, mais elle amenuise et assombrit et dissimule douceur, délices et consolation que donne Dieu.

Or je dis en outre que toute souffrance provient de l'amour de ce dont préjudice me spolia. Le préjudice de choses extérieures m'est-il donc souffrance, c'est là un vrai signe de ce que j'aime choses extérieures et aime en vérité souffrance et désolation. Quoi d'étonnant alors à ce que je souffre si j'aime et recherche souffrance et désolation ? Mon cœur et mon amour attribuent à la créature la bonté qui est propriété de Dieu. Je me tourne vers la créature, d'où par nature provient désolation, et me détourne de Dieu, de qui flue toute consolation. Quoi d'étonnant alors à ce que je souffre et sois triste ? Vraiment, il est pour de vrai impossible à Dieu et au monde entier que trouve consolation véritable l'homme qui cherche consolation en les créatures. Alors que celui qui aimerait Dieu seul dans la créature et la créature en Dieu seul, celui-là trouverait consolation vraie, juste et égale en toutes choses. Cela maintenant suffit en ce qui concerne la première partie de ce livre.

2.

Après quoi, suivent maintenant dans la seconde partie une trentaine de séquences[15], dont chacune à elle seule peut légitimement consoler l'homme raisonnable* dans sa souffrance.

* *den redelîchen menschen* : les considérations fondamentales contenues sous le 1. concernaient l'*intellect* et l'ultime d'une considération

La première est : que toute épreuve et [tout] préjudice ne sont pas sans [quelque] avantage, et qu'aucune épreuve n'est pure épreuve. C'est pourquoi saint Paul dit que fidélité et bonté de Dieu ne souffrent pas qu'aucune mise à l'épreuve ou affliction devienne intolérable. Il fournit et donne en tout temps quelque consolation par quoi l'on peut y remédier[16] ; car les saints et les maîtres païens disent que Dieu ni nature ne souffrent pas que puissent être mal et souffrance purs.

Je pose maintenant qu'un homme a cent marks ; il en perd quarante et en conserve soixante. L'homme veut-il maintenant penser en tout temps aux quarante qu'il a perdus, il demeure alors désolé et éploré. Comment pourrait-il être consolé et sans souffrance celui qui se tourne vers le préjudice et vers la souffrance, et le grave en soi et soi en lui, et le considère sans cesse, et sans cesse à nouveau le considère, et converse avec lui et parle avec le préjudice, et à nouveau le préjudice converse avec lui, et [tous deux] se considèrent sans cesse face à face ? S'il se faisait toutefois qu'il se tournât vers les soixante marks qu'il a encore et tournât le dos aux quarante qui sont perdus, et qu'il s'abimât dans les soixante et les considérât sans cesse face à face et conversât avec eux, alors il serait sûrement consolé. Que quelque chose soit et soit bon, voilà qui peut consoler : mais ce qui n'est pas ni n'est bon, ce qui n'est pas mien et est perdu pour moi, il faut de nécessité que cela procure désolation et souffrance et affliction. C'est pourquoi Salomon dit : « Dans les jours de souffrance n'oublie pas les bons jours[17]. » Ce qui est dire : quand tu es dans souffrance et dans épreuve, pense alors à ce qui est bon et à ce qui est avantage qu'encore tu as et conserves. Or cela aussi doit consoler l'homme, qu'il consente à

---

métaphysique qui remettait toutes choses à leur origine. Les quelque trente exemples ou raisonnements qui vont suivre sont davantage de l'ordre de l'argumentation, et visent à entraîner la conviction de chacun.

penser que des milliers, s'ils avaient les soixante marks que tu as encore, penseraient être seigneurs et dames et être fort riches et joyeux de cœur.

Mais il est encore une autre chose qui doit consoler l'homme. Est-il malade et en de grandes douleurs de corps, il a pourtant sa maison et ce qui lui est nécessaire en nourriture et en boisson, en conseil des médecins et en service de sa domesticité, en compassion et en assistance de ses amis : comment devrait-il faire ? Comment font les pauvres gens qui ont la même chose ou maladies et épreuves plus grandes et n'ont personne qui leur donne de l'eau fraîche ? Il leur faut quérir de maison en maison leur pain sec dans la pluie et dans la neige et dans le froid. C'est pourquoi, veux-tu te trouver consolé, oublie ceux pour qui c'est mieux et souviens-toi de tous ceux pour qui c'est pire.

En outre je dis : toute souffrance provient d'affection et d'amour. C'est pourquoi, si j'ai souffrance à cause de chose éphémère, j'ai et mon cœur a encore affection et amour pour des choses éphémères, et je n'affectionne pas Dieu de tout mon cœur et n'aime pas encore ce que Dieu veut que j'aime et aime avec lui. Quoi d'étonnant alors que Dieu permette que légitimement je pâtisse préjudice et souffrance ?

Saint Augustin dit : « Seigneur, je ne voulais pas te perdre, mais je voulais avec toi posséder les créatures en raison de ma cupidité ; et c'est pourquoi je t'ai perdu, car il est intolérable qu'avec toi, la vérité, l'on possède fausseté et mensonge des créatures [18]. » Il dit encore ailleurs qu'« est par trop cupide celui à qui Dieu seul ne suffit ». Et ailleurs il dit : « Comment les dons de Dieu dans les créatures pourraient-ils suffire à celui à qui Dieu même ne suffit [19] ? » Pour un homme bon ne doit pas être consolation mais peine tout ce qui est étranger et inégal à Dieu et qui n'est pas uniquement Dieu même. Il doit dire en tout temps : Seigneur Dieu et ma consolation, si tu m'orientes vers quelque chose loin de toi, donne-moi un autre toi, pour que j'aille de toi à toi, car je ne veux rien que toi. Lorsque Notre-Seigneur gratifia Moïse de tout bien et l'envoya dans la Terre Sainte, qui signifie le royaume céleste, Moïse dit alors : Seigneur, ne m'envoie nulle part où tu ne veuilles toi-même venir aussi[20].

Toute inclination, plaisir et amour proviennent de ce qui est égal à lui, car toutes choses inclinent vers ce qui leur est égal, et l'aiment. L'homme pur aime toute pureté, le juste aime la justice et incline vers elle ; la bouche de l'homme parle de ce qui lui est intérieur, ainsi que dit Notre-Seigneur « que la bouche parle de la plénitude du cœur[21] », et Salomon dit que « les travaux de l'homme sont dans sa bouche[22] ». C'est pourquoi c'est là un signe vrai que ce n'est pas Dieu mais la créature qui est dans le cœur de l'homme qui trouve encore inclination et consolation à l'extérieur.

Ce pour quoi un homme bon devrait avoir grande honte devant Dieu et devant lui-même à prendre conscience encore de ce que Dieu n'est pas en lui et [que] Dieu le Père n'opère pas en lui son œuvre, mais [que] la créature pitoyable vit encore en lui et l'incline et opère en lui son œuvre. C'est pourquoi le roi David dit et se plaint dans le Psaume : « Les larmes étaient ma consolation jour et nuit ; tout le temps où l'on pouvait dire encore : où est ton Dieu[23] ? » Car incliner vers l'extériorité et trouver consolation en la désolation, et parler de cela volontiers et beaucoup avec plaisir, est un signe vrai que Dieu en moi ne se manifeste pas, ne veille pas, n'opère pas. En outre aussi, il devrait avoir honte devant les gens de bien de ce qu'ils perçoivent cela en lui. Un homme de bien ne doit jamais se plaindre de préjudice ni de souffrance ; il doit seulement se plaindre de ce qu'il se plaint et est conscient de plainte et de souffrance en lui.

Les maîtres disent qu'au-dessous du ciel il est un feu de grande ampleur et sans entraves et puissant dans son embrasement, et pourtant le ciel ne s'en trouve aucunement touché en rien de rien[24]. Or un texte dit que ce qui est le plus bas dans l'âme est plus noble que ce qui est le plus haut dans le ciel[25]. Comment donc l'homme peut-il ambitionner être un homme céleste[26] et que son cœur soit dans le ciel s'il est encore troublé et souffre de choses si petites ?

Je dis maintenant une autre chose. Homme de bien ne peut être celui qui ne veut pas ce que Dieu veut en particulier, car il est impossible que Dieu veuille quelque chose d'autre que le bien ; et singulièrement, en ce que et pour la raison que Dieu le veut, cela se trouve et est de nécessité bon et même le meilleur. Et c'est pourquoi Notre-Seigneur enseigna aux Apôtres, et à nous en eux, et nous demandons chaque jour, que volonté de Dieu advienne[27]. Et pourtant, lorsque la volonté de Dieu advient et s'accomplit, nous nous plaignons.

Sénèque, un maître païen, interroge : quelle est la meilleure consolation dans la souffrance et dans l'épreuve ? et dit : c'est que l'homme prenne toutes choses comme s'il les avait désirées et avait prié pour cela ; car tu les aurais aussi désirées si tu avais su que toutes choses adviennent par, avec et dans la volonté de Dieu[28]. Un maître païen dit : Souverain et Père suprême et Maître du grand ciel, tout ce que tu veux, j'y suis prêt ; donne-moi volonté de vouloir selon ta volonté[29].

Un homme de bien doit se fier à Dieu, croire et être certain et savoir Dieu si bon qu'il est impossible à Dieu et à sa bonté et amour qu'il puisse souffrir qu'à l'homme advienne aucun pâtir ou souffrance, à moins qu'il ne veuille ôter à l'homme souffrance plus grande, ou encore le consoler plus grandement sur terre, ou tirer de là et faire de cela quelque chose de mieux, où l'honneur de Dieu serait présent de façon plus large et plus grande. Quoi qu'il en soit pourtant : en cela seul que c'est volonté de Dieu que cela advienne, la volonté de l'homme de bien doit être à ce point une et unie avec la volonté de Dieu que l'homme veuille la même chose que Dieu, même si c'était son préjudice, voire sa damnation. C'est pourquoi saint Paul souhaitait être séparé de Dieu, pour Dieu et pour la volonté de Dieu et pour l'honneur de Dieu[30]. Car un homme vraiment parfait doit être si accoutumé à mourir à soi-même, être dépouillé de son image propre en Dieu et à ce point revêtu de l'image dans la volonté de Dieu que toute sa béatitude est de ne pas se savoir soi-même ni aucune chose et de ne savoir que Dieu, de ne rien vouloir ni vouloir savoir que la volonté de Dieu, et de vouloir connaître Dieu autant que Dieu me connaît, selon que dit saint Paul[31]. Dieu connaît tout ce qu'il connaît, aime et veut tout ce qu'il aime et veut, en lui-même et dans sa volonté propre. Notre-Seigneur dit lui-même : « la vie éternelle est de connaître Dieu seul[32]. »

C'est pourquoi les maîtres disent que les bienheureux dans le royaume des cieux connaissent les créatures nues de toutes images des créatures, qu'ils connaissent dans l'unique image qu'est Dieu, et où Dieu se sait et s'aime et se veut soi-même et toutes choses[33]. Et cela, Dieu lui-même nous apprend à le demander et désirer quand nous disons : « Notre Père », « que ton nom soit sanctifié[34] », c'est-à-dire : te connaître toi seul[35] ; « que ton règne vienne », que je n'aie rien de rien que je tienne pour riche, et ne sache que toi comme riche. Ce pour quoi l'Évangile dit : « Bienheureux sont les pauvres en esprit[36] », c'est-à-dire : en volonté, et nous demandons à Dieu que sa « volonté advienne », « sur terre », c'est-à-dire en nous, « comme au ciel », c'est-à-dire en Dieu lui-même. Un homme de cette venue est à ce point un seul vouloir avec Dieu qu'il veut tout ce que Dieu veut, et de la manière dont Dieu le veut. Et c'est pourquoi, si Dieu veut de quelque manière que j'aie commis aussi des péchés, je ne voudrais pas que je ne les aie commis, car ainsi la volonté de Dieu advient « sur la terre », c'est-à-dire dans le mal-faire, « comme au ciel », c'est-à-dire dans le bien-faire. Ainsi l'homme veut-il être privé de Dieu pour Dieu, et être séparé de Dieu pour Dieu, et c'est là le seul repentir juste de mes péchés[37] ; ainsi le péché m'est-il souffrance sans souffrance, tout comme Dieu a de toute malignité souffrance sans souffrance. Souffrance et souffrance la plus grande, je l'ai à cause du péché [—] car je ne commettrais pas de péché pour tout ce qui est créé et créable, même s'il pouvait y avoir mille mondes éternels [—] pourtant sans souffrance ; et je prends et puise la souffrance dans la volonté de Dieu et de la volonté de Dieu. Souffrance de cette venue est seule souffrance parfaite, car elle provient et jaillit du limpide amour de la plus limpide bonté et joie de Dieu. Ainsi devient vrai, et l'on en prend conscience, ce que j'ai dit dans ce petit livre, que l'homme bon, dans la mesure où il est bon, accède à ce qu'a en propre la bonté même que Dieu est en lui-même[38].

Or note-le, quelle sorte de vie merveilleuse et délectable a l'homme « sur la terre » « comme au ciel » en Dieu lui-même ! Traverses lui sont félicité, et souffrance vaut comme amour, et en cela note pourtant en ce même homme consolation particulière : lorsque j'ai la grâce et la bonté dont j'ai maintenant parlé, je suis en tout temps et en toutes choses également totalement consolé et allègre ; si je ne les ai pas, c'est que je dois en être privé pour Dieu et dans la volonté de Dieu. Dieu veut-il donner ce que je désire, alors je le possède et suis dans les délices ; Dieu ne veut-il pas donner, je le reçois en en étant privé dans la même volonté de Dieu, étant donné qu'il ne veut pas, et je le reçois donc en en étant privé et en ne le recevant pas. De quoi suis-je alors spolié ? Et pour sûr : l'on reçoit Dieu plus proprement en étant privé qu'en recevant ; car lorsque l'homme reçoit, le don a alors en lui-même ce par quoi l'homme est allègre et consolé. Mais lorsqu'on ne reçoit pas, on n'a ni ne trouve ni ne sait rien dont on se réjouirait que Dieu et seulement la volonté de Dieu*.

Mais il est aussi une autre consolation. L'homme a-t-il perdu un bien extérieur ou son ami ou son proche, un œil, une main ou quoi que ce soit, il doit être certain de ce que, s'il supporte cela pour Dieu avec patience, il a alors par-devers Dieu pour le moins tout ce pour quoi il n'aurait pas voulu souffrir cela. Un homme perd un œil : or il n'aurait pas voulu être privé de l'œil pour mille ou pour six mille marks ou plus, il a alors par-devers Dieu et en Dieu conservé certainement pour lui tout ce pour quoi il n'aurait pas voulu subir le dommage ou la souffrance. Et c'est cela sans doute que Notre-Seigneur a en vue lorsqu'il disait : « Il est mieux que tu parviennes à la vie éternelle avec un œil que d'aller à ta perte avec deux yeux[39]. » C'est cela aussi sans doute que Dieu a en vue lorsqu'il disait : « Qui laisse père et mère, sœurs et frères, maison ou champ ou quoi que ce soit, celui-là doit recevoir le centuple et vivre éternellement[40]. » Avec certitude j'ose dire dans la vérité de Dieu et sur mon salut que celui qui pour Dieu et pour le bien laisse père et mère, frères et sœurs ou quoi que ce soit, celui-là reçoit le centuple d'une double manière : l'une est que ses père, mère, frère et sœur lui deviennent cent fois plus chers qu'ils ne sont maintenant. Une autre manière est que non seulement cent, [mais] tous les gens, dans la mesure où ils sont des gens et des hommes, lui deviennent incomparablement plus chers qu'à lui maintenant, de façon naturelle, sont chers ses père, mère ou frère. Que l'homme ne s'en rende pas compte, cela provient totalement et uniquement de ce qu'il n'a pas encore

* Le privilège accordé à la non-possession d'un don par rapport à sa possession réside dans le seul fait qu'alors l'homme ne se réjouit de *rien d'autre* que de Dieu et de sa volonté. Une fois encore se dessine la prééminence de la dimension ontologique.

pleinement laissé de façon limpide, pour Dieu et pour le bien seul, père et mère, sœur et frère et toute chose. Comment a-t-il laissé père et mère, sœur et frère pour Dieu celui qui sur terre les trouve encore dans son cœur, qui est encore troublé et considère et regarde ce qui n'est pas Dieu ? Comment a-t-il laissé toute chose pour Dieu celui qui encore estime et regarde tel et tel bien ? Saint Augustin dit : enlève tel et tel bien, demeure alors la bonté limpide évoluant en elle-même dans son ampleur nue : c'est Dieu[41]. Car selon que j'ai dit plus haut : tel et tel bien n'ajoute rien de rien à la bonté, mais elle cache et recouvre la bonté en nous. Ce que connaît et ce dont se rend compte celui qui voit et contemple cela dans la vérité, car c'est vrai dans la vérité, et c'est pourquoi il faut que l'on s'en rende compte là et nulle part ailleurs.

On doit pourtant savoir qu'avoir la vertu et vouloir souffrir comporte une gradation, comme nous voyons aussi dans la nature qu'un homme est plus grand et est plus beau qu'un autre quant à l'apparence, quant au teint, quant au savoir, quant aux compétences. Je dis donc aussi qu'un homme bon peut bien être un homme bon et pourtant se trouver troublé et chanceler plus ou moins de par l'amour naturel pour père, mère, sœur, frère, et pourtant ne pas s'éloigner de Dieu et de la bonté. Pourtant, il est bon et meilleur dans la mesure où il se trouve plus ou moins consolé et touché, et en prend conscience, d'amour naturel et de penchant vers père et mère, sœur et frère et vers soi-même.

Néanmoins, comme je l'ai écrit ci-dessus : si un homme pouvait accueillir cela même dans la volonté de Dieu, posant que c'est la volonté de Dieu que la nature humaine ait cette déficience de façon particulière de par la justice de Dieu en raison du péché du premier homme, et si également, au cas où cela ne serait pas, il consentait volontiers à en être privé dans la volonté de Dieu, alors ce lui serait toute justice et il se trouverait sûrement consolé dans la souffrance. C'est ce que saint Jean vise lorsqu'il dit que la vraie « lumière brille dans les ténèbres[42] », et saint Paul dit que « la vertu se trouve accomplie dans l'infirmité[43] ». Le voleur voudrait-il vraiment, totalement, limpidement, volontiers, de bon gré et joyeusement souffrir la mort par amour de la justice divine, dans laquelle et selon laquelle Dieu et sa justice veulent que le malfaiteur soit tué, certainement il serait sauvé et bienheureux.

Mais une autre consolation est : on ne trouverait sans doute personne qui n'ait tel amour pour la vie de quelqu'un qu'il ne veuille volontiers se priver d'un œil ou être aveugle un an durant s'il se trouvait qu'ensuite il recouvre son œil et qu'il puisse ainsi sauver son ami de la mort. Un homme voudrait-il de la sorte se priver de son œil un an durant pour sauver de la mort un homme qui pourtant doit nécessairement mourir dans peu d'années, alors il doit avec pleine convenance et plus volontiers se priver, les dix ou vingt ou trente années qu'il aurait encore à vivre, afin de se rendre lui-même éternellement bienheureux et de voir éternellement Dieu dans sa lumière divine, et en Dieu [voir] lui-même et toutes créatures.

Mais il est une autre consolation : un homme bon, dans la mesure où il est bon et né seulement de bonté et une image de la bonté, à lui est insupportable et souffrance amère et préjudice tout ce qui est créé et est ceci et cela. Et c'est pourquoi : perdre cela, c'est être débarrassé et perdre souffrance, difficulté et préjudice. En vérité, perdre souffrance est une vraie consolation. C'est pourquoi l'homme ne doit pas se lamenter d'un préjudice. Il doit bien plutôt se lamenter de ce que la consolation lui soit inconnue, de ce que la consolation ne soit pas en mesure de le consoler, tout comme le vin doux ne plaît pas au malade. Il doit se lamenter, comme je l'ai écrit ici plus haut, de ce qu'il n'est pas totalement dépouillé de l'image des créatures et n'est pas, avec tout ce qui est sien, passé dans l'image[44] de la bonté.

Un homme doit aussi penser, dans sa souffrance, que Dieu dit la vérité et s'engage par lui-même qui est vérité. Dieu manquerait-il à sa parole, à sa vérité, qu'il manquerait à sa divinité et ne serait pas Dieu, car il est sa parole, sa vérité. Sa parole est que notre souffrance doit se trouver transformée en joie[45]. Pour sûr, serais-je certain que toutes mes pierres devraient se trouver transformées en or, plus alors j'aurais de pierres et plus grandes [elles seraient], plus ce me serait agréable ; même je demanderais des pierres et en acquerrais, si je pouvais, qui seraient grandes et en nombre ; plus il y en aurait et plus grandes [elles seraient], plus elles me seraient agréables. C'est ainsi, pour sûr, que l'homme se trouverait puissamment consolé dans toute sa souffrance.

Encore une autre chose égale à cela : aucun récipient ne saurait contenir deux sortes de breuvages. S'il doit avoir du vin, il faut de nécessité vider l'eau ; il faut que le vase se trouve nu et vide. C'est pourquoi, dois-tu accueillir joie divine et Dieu, il te faut de nécessité vider les créatures. Saint Augustin dit : « Vide, pour que tu te trouves empli. Apprends à ne pas aimer, pour que tu apprennes à aimer. Détourne-toi, pour que tu te trouves tourné vers[46]. » Dit brièvement : tout ce qui doit accueillir et être réceptif, cela doit être et il faut que ce soit nu. Les maîtres disent : l'œil aurait-il une quelconque couleur en lui lorsqu'il connaît, il ne connaîtrait ni la couleur qu'il aurait ni celle qu'il n'aurait pas ; mais lorsqu'il est nu de toute couleur, pour cette raison il connaît toute couleur[47]. Le mur a de la couleur sur lui, et c'est pourquoi il ne connaît ni sa couleur ni aucune autre couleur et n'a aucun plaisir à la couleur, pas plus d'or que de lazurite ou de charbon. L'œil ne l'a pas, et l'a vraiment, car il la connaît avec plaisir et avec délices et avec joie. Et de ce que les forces de l'âme sont plus accomplies et nues pour de vrai, de là elles accueillent de façon plus accomplie et plus ample ce qu'elles accueillent, et reçoivent de façon plus ample et ont plus grandes délices et deviennent plus un avec ce qu'elles accueillent, en sorte que la puissance supérieure de l'âme, qui de toutes choses est nue et n'a rien de commun avec rien, ne reçoit rien moins que Dieu lui-même selon l'ampleur et plénitude de son être*. Et les maîtres attestent qu'à cette union et à ce flux et à ces délices rien ne saurait s'égaler en plaisir et en délices[48]. C'est pourquoi Notre-Seigneur dit de façon tout à fait marquante : « Bienheureux sont les pauvres en esprit[49]. » Pauvre est celui qui n'a rien. Pauvre en esprit, cela veut dire : de même que l'œil est pauvre et nu de la couleur et réceptif à toutes couleurs, de même le pauvre en esprit est-il réceptif de tout esprit, et de tous esprits Dieu est esprit. Le fruit de l'esprit est amour, joie et paix. Nu, pauvre, non-avoir, être-vide transforme la nature : [le] vide fait monter l'eau au sommet de la montagne et bien d'autre merveilles dont il n'y a pas à parler maintenant.

C'est pourquoi, veux-tu avoir et trouver en Dieu toute joie et consolation, veille alors à être nu de toutes créatures, de toute consolation de la part des créatures ; car pour sûr, aussi longtemps que te console et peut te consoler la créature, tu ne trouveras jamais juste consolation. Mais lorsque rien n'est en mesure de te consoler que Dieu, pour de vrai, alors Dieu te console et avec lui et en lui tout ce qui est délices. Si te console ce qui n'est pas Dieu, alors tu n'as [consolation] ni ici ni là. Mais si la créature ne te console et que tu ne la goûtes, tu trouveras consolation aussi bien ici que là.

L'homme voudrait-il et pourrait-il en même temps vider une coupe et la maintenir vide de tout ce qui pourrait l'em-

---

* Cette puissance supérieure de l'âme est l'intellect. Nu de toute image — comme l'œil l'est de toute couleur — il est apte à recevoir Dieu lui-même. Cf. Thomas d'Aquin, *Summ. theol.* IIa-IIae, q. 2, a. 3.

plir, fût-ce d'air, nul doute que la coupe renierait et oublierait toute sa nature, et vacuité la porterait jusqu'au ciel. De même [être] nu, pauvre et vide de toutes créatures porte l'âme jusqu'à Dieu. C'est aussi vers le haut qu'entraînent égalité[50] et ardeur. L'égalité, on la donne au Fils dans la déité, ardeur et amour au Saint-Esprit. Égalité en toutes choses, de façon plus particulière et en tout premier lieu dans la nature divine, est naissance du Un, et égalité du Un, dans le Un et avec le Un, est un commencement et origine de l'amour épanoui, ardent. Un est commencement sans aucun commencement. Égalité est commencement à partir du Un seul, et prend le fait d'être et d'être commencement à partir de et dans le Un. Amour a pour nature sienne de fluer et de jaillir à partir de deux en tant que un. Un en tant que un ne donne pas amour, deux en tant que deux ne donne pas amour ; deux en tant que un donne de nécessité amour naturel, impérieux, ardent*.

Or Salomon dit que toutes les eaux, c'est-à-dire toutes les créatures, refluent et se précipitent vers leur origine[51]. C'est pourquoi voilà qui est vrai de nécessité, comme je l'ai dit : égalité et amour ardent attirent et conduisent et amènent l'âme vers le haut dans la prime origine du Un, qui est « père de tous au ciel et sur la terre[52] ». Je dis alors aussi que l'égalité, née du Un, entraîne l'âme vers Dieu, en tant qu'il est Un dans son unité cachée, car c'est cela que veut dire Un. Ce dont nous avons un signe manifeste : lorsque le feu corporel

* Par rapport à la déité, qui s'entend comme la « toute-positivité » du rien, le Un, dans sa *com-position* structurelle avec l'Égalité et l'Amour, se donne à connaître, au niveau de la représentation, comme désignant respectivement le Père — le Fils étant l'égalité, et l'Esprit l'amour. La déité est le rien *par quoi* justement la numération, au sein de la Trinité, échappe à la logique du quantitatif. En énonçant que seul « deux en tant que un » est source de l'amour, Eckhart tire de là un principe logique qui le met hors des prises tant du monisme que du dualisme. Cf. *Maître Eckhart ou l'empreinte du désert, op. cit.*, p. 129 sq.

embrase le bois, une étincelle reçoit la nature du feu et devient égale au feu limpide qui, sans aucun intermédiaire, adhère à la voûte du ciel. Sur-le-champ elle oublie et quitte père et mère, frère et sœur sur terre et s'élance vers le père céleste. Le père, ici-bas, de l'étincelle est le feu, sa mère est le bois, ses frères et sœurs sont les autres étincelles ; ceux-là, la première petite étincelle ne les attend pas. Elle s'élance en toute hâte vers son juste père, qui est le ciel ; car celui qui connaît la vérité, celui-là sait bien que le feu, en tant qu'il est feu, n'est pas un père juste, vrai, de l'étincelle. Le juste, vrai père de l'étincelle et de tout ce qui est feu, est le ciel. Il est encore à bien remarquer que cette petite étincelle ne laisse et n'oublie pas seulement père et mère, frères et sœurs sur terre ; plutôt, elle se laisse et s'oublie et se quitte soi-même pour l'amour qui la pousse vers son juste père, le ciel, car il lui faut de nécessité s'éteindre dans la froidure de l'air ; en dépit de cela elle veut attester l'amour naturel qu'elle a pour son vrai père céleste*.

Et comme ci-devant l'on a parlé de vacuité ou nudité [—] à savoir que, d'autant plus l'âme est accomplie, nue et pauvre, et moins elle a des créatures, et plus vide elle est de toutes choses qui ne sont pas Dieu, d'autant plus limpidement elle saisit Dieu et davantage [est saisie] en Dieu, et devient pour de vrai un avec Dieu, et voit Dieu et Dieu la voit de visage à visage comme revêtue d'une seule image, ainsi que le dit saint Paul[53] [—], de même je parle maintenant d'égalité et de l'ardeur de l'amour : car, autant une chose est égale à l'autre, autant elle s'élance vers elle et est plus prompte et sa course lui est plus douce et délicieuse ; et plus elle s'éloigne d'elle-même et de tout ce qui n'est pas ce vers quoi elle

* Cette sorte de conte philosophique, évocateur à souhait, relève d'une authentique poésie métaphysique — la prosopopée de la petite étincelle.

s'élance, et plus inégale [elle devient] à elle-même et à tout ce qui n'est pas cela, plus elle devient égale à ce vers quoi elle s'élance. Et comme l'égalité flue du Un et attire et séduit par la force et dans la force du Un, pour cette raison il n'est apaisement ni satisfaction ni pour celui qui attire ni pour celui qui est attiré jusqu'à ce qu'ils se trouvent réunis en Un. C'est pourquoi Notre-Seigneur a parlé dans le prophète Isaïe, et c'est là ce qu'il voulait dire : aucune haute égalité et aucune paix de l'amour ne me suffisent jusqu'à ce que moi-même j'apparaisse dans mon Fils et que moi-même je me trouve enflammé et embrasé dans l'amour du Saint-Esprit[54]. Et Notre-Seigneur pria son Père qu'avec lui et dans lui nous soyons un[55] et pas seulement réunis. De cette parole et de sa vérité nous avons une image et une attestation manifestes dans la nature, même extérieure : quand le feu travaille et embrase et enflamme le bois, le feu rend le bois subtil et inégal à lui-même, et lui ôte grossièreté, froidure, pesanteur et humidité, et rend le bois de plus en plus égal à lui-même, le feu ; pourtant il n'est jamais apaisement ni repos ni satisfaction, ni pour le feu ni pour le bois en aucune chaleur ni ardeur ni ressemblance jusqu'à ce que le feu s'engendre soi-même dans le bois et lui donne sa propre nature et son être propre, donc que tout soit un seul feu également propre [à chacun], indistinctement, ni plus ni moins*. Et c'est pourquoi, avant d'en arriver là, il y a toujours une fumée, un combat, un crépitement, un travail et une lutte entre feu et

* Cette parabole de la bûche et du feu sera reprise par Jean de la Croix *(Nuit obscure*, livre II, chap. X). Sous la magnificence de l'image, c'est la visée métaphysique présente en tout ce traité que Eckhart exprime à nouveau par là : le feu est l'analogue de la Bonté, de la Justice, de la Vérité, d'où tire substance et qualification ce qui est bon, juste, vrai. Cette autocommunication du principe ultime vaut par une *transformation* dont la face nocturne est l'abandon et le *détachement* (cf. *entbildet/überbildet*).

bois. Mais quand toute inégalité se trouve ôtée et rejetée, s'apaise le feu et se tait le bois. Et je dis plus dans la vérité : la force cachée de la nature hait en secret la ressemblance dans la mesure où elle [= la ressemblance] porte en elle différence et dualité, et cherche en elle [= dans la ressemblance] le Un, qu'elle aime en elle et pour lui-même uniquement, comme la bouche qui dans le vin et par le vin recherche la saveur ou la douceur. L'eau aurait-elle la saveur qu'a le vin, la bouche n'aimerait pas le vin davantage que l'eau.

Et c'est pourquoi j'ai dit que l'âme, dans la ressemblance, hait la ressemblance et ne l'aime pas comme telle et pour elle-même, mais elle l'aime pour le Un qui est caché en elle et est vrai « Père », un commencement sans aucun commencement, « de tous », « au ciel et sur terre ». Et c'est pourquoi je dis : aussi longtemps que ressemblance est encore trouvée et apparaît entre feu et bois, il n'est jamais plaisir vrai ni silence, ni repos, ni satisfaction. Et c'est pourquoi les maîtres disent : le devenir du feu s'accompagne de combat, d'affliction et d'inquiétude et [est] dans le temps ; mais naissance du feu et plaisir sont hors temps et hors distance. Plaisir et joie ne semblent à personne longs et lointains. Tout ce que j'ai dit maintenant, cela rejoint ce que dit Notre-Seigneur : « Lorsque la femme met au monde l'enfant, elle a douleur et peine et tristesse ; mais lorsque l'enfant est né, elle oublie douleur et peine[56]. » C'est pourquoi aussi Dieu parle et nous exhorte dans l'Évangile que nous priions le Père céleste pour que notre joie soit parfaite, et saint Philippe disait : « Seigneur, montre-nous le Père, cela nous suffit[57] » ; car Père veut dire naissance, et non ressemblance, et veut dire le Un dans lequel ressemblance fait silence, et s'apaise tout ce qui a désir d'être.

Maintenant l'homme peut comprendre clairement pourquoi et d'où vient qu'il est inconsolé dans toute souffrance sienne, épreuve et préjudice. Cela provient tout entier et seulement de ce qu'il est loin de Dieu et non dépris de la créature, inégal à Dieu et froid en amour divin.

Mais il est encore une autre chose ; qui voudrait la considérer et la connaître, il se trouverait de façon équitable consolé de préjudice et souffrance extérieurs.

Un homme suit un chemin ou fait une œuvre ou laisse une autre œuvre, et voici que lui survient un préjudice : il se casse une jambe, un bras, ou perd un œil, ou il tombe malade. S'il s'en tient alors à penser : aurais-tu suivi un autre chemin ou fait une autre œuvre, cela ne te serait pas arrivé, alors il demeure inconsolé et, de nécessité, est en proie à la souffrance. Et c'est pourquoi il doit penser : aurais-tu suivi un autre chemin ou aurais-tu fait ou laissé une autre œuvre, peut-être te serait-il arrivé un préjudice et une souffrance bien plus grands ; et ainsi il se trouverait consolé de façon équitable.

Mais je suppose encore autre chose : tu as perdu mille marks, tu ne dois pas te lamenter sur les mille marks qui sont perdus. Tu dois remercier Dieu qui t'a donné mille marks que tu pouvais perdre et te laisse aussi, par l'exercice de la vertu de patience, mériter la vie éternelle, ce que bien des milliers de personnes n'ont pas.

Mais encore autre chose qui peut consoler l'homme. Je suppose qu'un homme ait possédé honneur et bien-être pendant bien des années, et perde cela maintenant par verdict de Dieu ; l'homme doit alors méditer avec sagesse et remercier Dieu. C'est seulement en prenant conscience du préjudice et de l'épreuve qu'il a maintenant qu'il en vient à savoir ce qu'il avait auparavant en guise de jouissance et de bien-être, et qu'il doit remercier pour le bien-être dont il a joui pendant tant d'années et sans jamais connaître vraiment que les choses allaient si bien pour lui, et qu'il ne soit pas courroucé[58]. Il doit considérer que l'homme, par vérité de nature, n'a de par lui-même que méchanceté et faiblesse. Tout ce qui est bon et bonté, cela Dieu le lui a prêté, et non donné*. Car celui qui connaît la vérité, celui-là sait que Dieu, le Père céleste, donne au Fils et au Saint-Esprit tout ce qui est bon ; à la créature pourtant il ne donne aucun bien, mais il le lui remet en prêt. Le soleil confère à l'air la chaleur, mais la lumière il la lui donne en prêt ; et c'est pourquoi, sitôt que le soleil se couche, l'air perd la lumière, mais la chaleur lui reste, car elle est donnée à l'air en propre. Et c'est pourquoi les maîtres disent que Dieu, le Père céleste, est père et non pas seigneur du Fils, ni du Saint-Esprit. Mais Dieu-Père-Fils-et-Saint-Esprit est un seigneur et un seigneur des créatures, et nous disons que Dieu était Père éternellement ; mais dès lors qu'il créa les créatures, alors il est seigneur[59].

Or je dis : étant donné qu'à l'homme tout ce qui est bon ou consolant ou temporel lui est remis en prêt, qu'a-t-il à se plaindre alors que celui qui le lui a prêté veut le reprendre ? Il doit remercier Dieu qui le lui a si longtemps prêté. Également doit-il le remercier de ce qu'il ne lui reprenne pas d'un coup ce qu'il lui a prêté ; et pourtant il serait équitable que Dieu lui reprît tout ce qu'il lui a prêté quand l'homme s'irrite de ce qu'il lui en enlève une partie, qui cependant jamais ne fut sienne et dont il ne fut jamais seigneur. Et c'est pourquoi Jérémie, le prophète, parle fort bien lorsqu'il était en grande souffrance et lamentation : multiples sont les miséricordes de Dieu qui font que nous ne sommes pas anéantis totalement[60]. Celui qui m'aurait prêté son vêtement, sa cape et son manteau, reprendrait-il le manteau et me laisserait-il le vêtement et la cape dans les frimas, je devrais en toute équité

* Cette proposition concerne la *créature* en tant que faisant nombre avec l'absolu de l'être, et s'inscrit dans une relation de maître à subordonné (Dieu comme « Seigneur des créatures ») ; or c'est le propre d'un maître que de prêter et de ne pas donner. Pour autant, l'égalité foncière de Dieu et de l'âme, dès lors que celle-ci est saisie dans la fine pointe de son détachement, ne saurait en être annulée.

le remercier et être heureux. Et l'on doit remarquer particulièrement de quelle grande injustice j'en use lorsque je m'emporte et me plains quand je perds quelque chose ; car, lorsque je veux que le bien que j'ai me soit donné et non prêté, je veux par là être seigneur, et veux être fils de Dieu par nature et de façon plénière, alors que je ne suis pas même encore fils de Dieu par grâce* ; car c'est là le propre du Fils de Dieu et du Saint-Esprit : se tenir égaux à soi en toutes choses.

On doit aussi savoir que, sans aucun doute, la vertu humaine naturelle déjà est si noble et si forte qu'aucune œuvre extérieure n'est trop difficile ni assez grande pour qu'elle puisse s'attester par elle et en elle et s'y former. Et c'est pourquoi il est une œuvre intérieure que ni temps ni espace ne peuvent embrasser ni comprendre, et en elle il est quelque chose de divin et d'égal à Dieu, que ni temps ni espace n'embrassent — il est partout et en tout temps également présent — et elle [est] aussi en cela égale à Dieu, qu'aucune créature ne peut recevoir parfaitement, elle qui ne peut former[61] en soi la bonté de Dieu. Et c'est la raison pour laquelle il faut qu'il y ait quelque chose de plus intérieur et de plus élevé et d'incréé, sans mesure et sans mode, où le Père céleste puisse totalement s'imprimer et s'épancher et s'attester : ce sont le Fils et le Saint-Esprit. De même per-

---

* Si la créature en tant que créature se dit égale à Dieu *par nature*, elle prétend ajouter une totalité à la totalité qui est ; vaut pour elle en effet, *en tant que créature*, la distinction ici rappelée entre nature et grâce. Cela, une nouvelle fois, n'annule pas la pleine égalité entre la déité et l'âme saisie dans le filigrane de son éternité. À ce niveau, il n'y a qu'un Fils, et « nous le sommes tous », ainsi qu'Angelus Silesius, reprenant un propos d'Augustin, l'affirmera quatre siècles plus tard. Cf. *Der cherubinische Wandersmann, Vorrede* : « Gott der Vater hat nur einen Sohn, und derselbe sind wir alle in Christo » — « Le Père n'a qu'un Fils, et nous le sommes tous en Christ » *(Le Pèlerin chérubinique*, trad. Camille Jordens, Cerf 1994, p. 18).

sonne ne peut davantage entraver l'œuvre intérieure de la vertu qu'il ne peut entraver Dieu. L'œuvre brille et resplendit jour et nuit. Elle loue et chante la louange de Dieu et un cantique nouveau, comme le dit David : « Chantez à Dieu un chant nouveau[62]. » Sa louange est de la terre, et elle n'aime pas Dieu cette œuvre qui est extérieure, qui embrasse temps et espace, qui est étroite, que l'on peut entraver et contraindre, qui se fatigue et vieillit avec le temps et les travaux. Cette [autre] œuvre est d'aimer Dieu, de vouloir bien et bonté, à telle guise que tout ce que l'homme veut et voudrait faire avec volonté limpide totale en toutes œuvres bonnes, il l'a déjà fait, en cela aussi égal à Dieu dont David écrit : « Tout ce qu'il a voulu, il l'a dès maintenant fait et opéré[63]. »

De cette doctrine nous avons une attestation manifeste en la pierre : son œuvre extérieure est qu'elle tombe et reste sur le sol. Cette œuvre peut se trouver entravée, et la pierre ne tombe pas toujours et sans relâche. Une autre œuvre est encore plus intérieure à la pierre, c'est l'inclination vers le bas, et elle lui est innée ; cela, ni Dieu ni la créature ne peuvent le lui reprendre, ni personne. Cette œuvre, la pierre l'opère sans relâche, jour et nuit. Qu'elle reste en haut pendant mille ans, elle aurait cette inclination ni moins ni plus qu'au premier jour*.

C'est justement ainsi que je dis de la vertu qu'elle a une œuvre intérieure : vouloir et avoir inclination pour tout bien, et fuir et résister à tout ce qui est méchant et mauvais, inégal à la bonté et à Dieu. Et plus l'œuvre est méchante et inégale

* Cette parabole, que Jean de la Croix reprendra à son tour (Commentaire de la *Vive flamme*, str. I, vers 3), donne consistance représentative à l'enseignement proposé dans le paragraphe précédent. L'œuvre intérieure, qui ressortit à ce qui en l'homme est inné et relève de son *être*, ne peut être annulée ni entravée par aucune contrainte extérieure. La distinction entre l'homme extérieur et l'homme intérieur (cf. ci-dessous *De l'homme noble*, pp. 163-164) trouve ici sa clef.

à Dieu, plus le combat est grand ; et plus l'œuvre est grande et égale à Dieu, plus l'œuvre lui [= à la vertu] est aisée, agréable et joyeuse. Et toute sa plainte et peine, si peine pouvait l'atteindre, c'est que cette peine pour Dieu est trop petite, et toute œuvre extérieure dans le temps trop petite pour qu'elle puisse s'y manifester totalement, s'y attester pleinement et s'y former. En s'exerçant elle devient vigoureuse, et par la générosité elle devient riche. Elle ne voudrait pas avoir souffert ni dépassé peine et souffrance ; elle veut et voudrait toujours souffrir sans relâche pour Dieu et pour le bien. Toute sa béatitude est de souffrir, non d'avoir souffert, pour Dieu. Et c'est pourquoi Notre-Seigneur dit de façon fort marquante : « Bienheureux sont ceux qui souffrent pour la justice[64]. » Il ne dit pas : « ceux qui ont souffert ». Un tel homme hait avoir-souffert, car avoir-souffert n'est pas souffrir, — ce qu'il aime ; c'est un dépassement et une perte de la souffrance pour Dieu, — ce qu'il aime seulement. Et c'est pourquoi je dis qu'un tel homme hait pareillement devoir-encore-souffrir, car cela non plus n'est pas souffrir. Pourtant, il hait moins devoir-souffrir qu'avoir-souffert, car avoir-souffert est plus lointain et inégal à souffrir, car cela est complètement passé. Mais que l'on doive souffrir, cela ne prive pas complètement de souffrir — ce que l'on aime.

Saint Paul dit qu'il voudrait être privé de Dieu pour Dieu[65], s'il se trouvait que l'honneur de Dieu en soit accru. On dit que saint Paul disait cela au temps où il n'était pas encore parfait. Mais je tiens que cette parole provenait d'un cœur parfait. L'on dit aussi qu'il entendait vouloir être séparé de Dieu un court instant [seulement]. Je dis qu'un homme parfait aurait autant de déplaisir à se séparer de Dieu une heure que mille ans. Pourtant, si c'était la volonté de Dieu et l'honneur de Dieu qu'il soit privé de Dieu, mille ans ou même l'éternité lui seraient aussi légers qu'un jour, une heure.

En outre, l'œuvre intérieure est divine, semblable à Dieu, et a goût de propriété divine en cela que, de la même façon que toutes les créatures ensemble, y aurait-il mille mondes, ne rendent pas meilleur de l'épaisseur d'un cheveu ce qu'est Dieu en lui-même, je dis aussi, et je l'ai déjà dit plus haut, que cette œuvre extérieure, ni son ampleur, ni sa grandeur, ni sa longueur, ni sa largeur n'augmentent jamais la bonté de l'œuvre intérieure ; elle [l'œuvre intérieure] a sa bonté en elle-même[*]. C'est pourquoi l'œuvre extérieure ne peut jamais être petite si l'intérieure est grande, et l'extérieure ne peut jamais être grande ni bonne si l'intérieure est petite ou n'a pas de valeur. L'œuvre intérieure a de tout temps inclus en elle toute grandeur, toute largeur et longueur. L'œuvre intérieure prend et puise tout son être nulle part ailleurs que dans le cœur de Dieu : elle prend le Fils et se trouve engendrée comme Fils dans le sein du Père céleste[**] ; il n'en va pas ainsi de l'œuvre extérieure, mais elle prend sa bonté divine par l'intermédiaire de l'œuvre intérieure[***], transportée et déversée dans une chute de la déité revêtue de différence, de multiplicité, de morcellement, tout cela et ce qui lui est égal, et aussi l'égalité même, étant loin de Dieu et étranger à lui[****].

---

* La *grandeur* de l'œuvre comme telle provient uniquement de l'œuvre *intérieure.* L'œuvre extérieure ne lui ajoute ni ne lui retranche rien — si l'on entend par « extérieure » non pas celle simplement posée *dans* l'extériorité, comme expression de l'intérieur, mais celle qui serait accomplie *selon* l'extériorité — l'œuvre aliénante et de dispersion obéissant à des critères qui ne sont pas ceux de l'esprit.

** L'œuvre intérieure est de telle importance que, reportée à l'ultime, elle *est* le Fils, œuvre du Père.

*** Il ne s'agit plus alors de l'œuvre *selon* l'extériorité, mais de l'œuvre *dans* l'extériorité.

**** L'œuvre intérieure rend bonne l'œuvre extérieure en se « déversant » en elle — et c'est Dieu qui par là s'exprime *dans* la créature. La « chute » ou « descente », ici, n'est pas synonyme de déchéance, mais qualifie l'acte par lequel peut être assumé ce qui, de soi, est « étranger » à Dieu.

[Toutes ces déterminations] tiennent et se maintiennent et s'apaisent dans ce qui est bon, ce qui est illuminé, ce qui est créature, totalement aveugle à la bonté et à la lumière en elles-mêmes, et au Un dans lequel Dieu engendre son Fils unique, et en lui tous ceux qui sont enfants de Dieu, fils engendrés. Là est le flux[66] et l'origine de l'Esprit-Saint, par qui seul, en tant qu'il est Esprit de Dieu et Dieu lui-même Esprit, le Fils se trouve accueilli en nous, et [là] est le flux à partir de tous ceux qui sont fils de Dieu, selon qu'ils sont nés de façon plus ou moins limpide de Dieu seul, revêtus de l'image selon Dieu et en Dieu, soustraits à toute multiplicité que pourtant encore on trouve chez les anges supérieurs conformément à leur nature, et même, pour qui veut bien comprendre, soustraits à la bonté, à la vérité, et à tout ce qui, ne fût-ce que par une pensée et par un nom seulement, souffre un soupçon et une ombre de différence, et remis au Un, nu de toute multiplicité et différence, en lequel aussi se perdent et se trouvent dénudées toute différence et propriété, et [qui] est Un, et le sont aussi Un Dieu-Père-Fils-et-Saint-Esprit*. Et le Un nous rend bienheureux, et plus nous sommes éloignés du Un, moins nous sommes fils et Fils, et moins parfaitement l'Esprit-Saint jaillit en nous et flue de nous ; et dans la mesure où nous sommes plus proches du Un, dans cette mesure nous sommes plus vraiment fils de Dieu et Fils, et aussi flue de nous Dieu-le-Saint-Esprit. C'est ce que veut dire Notre-Seigneur, Fils de Dieu dans la déité, lorsqu'il dit : celui qui boit de l'eau que je donne, en lui jaillit une source d'eau qui bondit dans la vie éternelle, et saint Jean dit qu'il disait cela du Saint-Esprit[67].

---

* Ce retour jusqu'au Un concerne Dieu lui-même en sa vie trinitaire : les trois, qui sont réellement trois, sont libres de toute multiplicité, dans la simplicité du « *Un* Dieu-Père-Fils-et-Esprit-Saint ». L'homme qui accède à cette origine est Un avec le Fils, et de lui flue ou émane l'Esprit-Saint.

Le Fils dans la déité, conformément à sa nature propre, ne donne rien d'autre que être-fils, que être-né-de-Dieu, source, origine et flux du Saint-Esprit, de l'amour de Dieu, et du plein, juste, total goût du Un du Père céleste. C'est pourquoi la voix du Père venant du ciel dit au Fils : « Tu es mon Fils bien-aimé en qui je suis aimé et satisfait[68] », car il n'est pas de doute que Dieu n'aime personne de façon suffisante et limpide qui ne soit fils de Dieu. Car amour, l'Esprit-Saint, trouve origine et flue du Fils, et le Fils aime le Père pour lui-même, le Père dans lui-même et soi-même dans le Père. C'est pourquoi Notre-Seigneur dit fort heureusement que « bienheureux sont les pauvres en esprit[69] », c'est-à-dire : ceux qui n'ont rien en fait d'esprit propre et humain et vont nûment vers Dieu. Et saint Paul dit : Dieu nous l'a révélé dans son Esprit[70].

Saint Augustin dit que celui-là comprend le mieux l'Écriture qui, nu de tout esprit, recherche sens et vérité de l'Écriture en elle-même, c'est-à-dire : dans l'esprit dans lequel elle a été écrite et énoncée : dans l'Esprit de Dieu[71]. Saint Pierre dit que toutes les saintes gens ont parlé dans l'Esprit de Dieu[72]. Saint Paul dit : personne ne peut connaître et savoir ce qui est dans l'homme, si ce n'est l'esprit qui est dans l'homme, et personne n'est en mesure de savoir ce qu'[est] l'Esprit de Dieu et ce qui est en Dieu, si ce n'est l'Esprit qui [est] de Dieu et est Dieu[73]. C'est pourquoi un écrit, une glose, dit fort heureusement que personne ne peut comprendre ni enseigner les écrits de saint Paul s'il n'a l'esprit dans lequel Paul parla et écrivit. Et c'est toujours et toute ma plainte, que des gens grossiers, qui sont dépourvus de l'Esprit de Dieu et n'en ont rien, veulent juger selon leur sens humain grossier, à propos de ce qu'ils entendent ou lisent dans l'Écriture, elle qui est énoncée et écrite par et dans l'Esprit-Saint, et [ils] ne réfléchissent pas à ce qui est écrit : ce qui est impossible aux gens, cela est possible à Dieu[74]. Et aussi de façon générale et naturelle : ce qui est impossible à la nature inférieure, cela est habituel et naturel à la nature supérieure.

De ce que je viens de dire, souvenez-vous donc encore qu'un homme bon, fils de Dieu né en Dieu, aime Dieu pour lui-même et en lui-même, et bien d'autres paroles que j'ai dites précédemment. Pour bien m'entendre, on doit savoir, comme je l'ai dit mainte fois aussi, qu'un homme bon, né de la bonté et en Dieu, pénètre dans toute la propriété de la nature divine. Or, d'après les paroles de Salomon, il est une propriété en Dieu selon laquelle Dieu opère toute chose pour soi-même[75], c'est-à-dire qu'en dehors de lui il ne considère pas de pourquoi si ce n'est pour soi-même ; il aime et opère toute chose pour soi-même*. C'est pourquoi, lorsque l'homme l'aime lui-même et toute chose et opère toute œuvre sienne non pas pour récompense, pour honneur ou pour bien-être, mais pour Dieu, c'est un signe qu'il est fils de Dieu.

Plus encore : Dieu aime pour lui-même et opère toute chose pour lui-même : il aime pour amour, et il opère pour opérer ; car il n'y a pas de doute : Dieu n'aurait jamais engendré son Fils unique dans l'éternité si [avoir-]engendré n'était pas engendrer. C'est pourquoi les saints disent que le Fils est engendré éternellement en tant qu'il se trouve encore engendré sans relâche. De même Dieu n'aurait jamais créé le monde si [le fait qu'il y ait] être-créé n'était pas créer. C'est pourquoi : Dieu a créé le monde de telle sorte qu'il le crée

* Le « sans pourquoi » est ici le caractère de Dieu lui-même qui n'a pas d'autre raison d'être que lui-même. Cette gratuité *ontologique* sera, en d'autres textes, reconnue à l'homme bon, réellement libre et détaché. L'expression « sans pourquoi » a été reprise au long des siècles, aussi bien par Angelus Silesius que par Heidegger. Ainsi de Silesius : « La rose est sans pourquoi *(ohn warumb)*, elle fleurit parce qu'elle fleurit » *(Le Pèlerin chérubinique, op. cit.*, I, 289).

encore sans relâche. Tout ce qui est passé et ce qui est à venir, cela est étranger à Dieu et loin [de Dieu] *. Et c'est pourquoi : celui qui est né de Dieu est fils de Dieu, il aime Dieu pour lui-même, c'est-à-dire : il aime Dieu pour l'acte aimer-Dieu et opère toute œuvre sienne pour [l']opérer. Dieu ne se fatigue jamais d'aimer et d'opérer, et ce lui est aussi un seul amour, tout ce qu'il aime. Et c'est pourquoi est vrai que Dieu est l'amour. Et c'est pourquoi j'ai dit ci-dessus que l'homme bon veut et voudrait en tout temps souffrir pour Dieu, non avoir souffert : en souffrant, il a ce qu'il aime. Il aime souffrir pour Dieu et souffre pour Dieu. C'est pourquoi et en quoi il est fils de Dieu, formé selon Dieu et en Dieu, qui aime pour soi-même, c'est-à-dire : il aime pour [l']amour, opère pour opérer ; et c'est pourquoi Dieu aime et opère sans relâche. Et l'opérer de Dieu est sa nature, son être, sa vie, sa béatitude. Partant, en vérité : pour le fils de Dieu, pour un homme bon, pour autant qu'il est fils de Dieu, souffrir pour Dieu, opérer pour Dieu est son être, sa vie, son opérer, sa béatitude, car ainsi parle Notre-Seigneur : « Bienheureux sont ceux qui souffrent pour la justice **. »

Je dis encore, pour la troisième fois, qu'un homme bon, pour autant qu'il est bon, a la propriété de Dieu non seulement en ce qu'il aime et opère tout ce qu'il aime et opère pour Dieu, qu'il aime en cela et pour lequel il opère, mais il

* Le « sans pourquoi » de Dieu s'exprime en lui par la permanence d'un agir qui n'est pas soumis à la succession temporelle. C'est en effet l'éternel-présent de son *être* qui commande cette *actualité* de l'aimer et de l'opérer.

** Mt 5,10. La souffrance « pour la justice » est en fait une exemplification du « sans pourquoi ». Justice, amour, opération sont des réalités qui ressortissent à l'être même de Dieu, et qui donc existent sans autre finalité qu'elles-mêmes. Souffrir pour la justice, c'est donc souffrir pour Dieu, sans autre « pourquoi ».

aime et opère aussi pour soi-même, lui qui en cela aime* ; car ce qu'il aime, c'est Dieu-Père-non-engendré, [et] celui qui en cela aime est Dieu-Fils-engendré. Or le Père est dans le Fils et le Fils dans le Père. Père et Fils sont un. Concernant la manière dont le plus intime et le plus élevé de l'âme puise et accueille [le] Fils de Dieu et [le] devenir-fils-de-Dieu dans [le] sein et [le] cœur du Père céleste, cherche-la à la fin de ce livre, là où j'écris « de l'homme noble qui partit dans un pays lointain [pour] s'acquérir un royaume et pour revenir[76] ».

Mais l'on doit aussi savoir que, dans la nature, [l']impression et influence de la nature supérieure et la plus élevée est à tout un chacun plus délicieuse et plus agréable que de sa propre nature et de son être. L'eau, de sa propre nature, s'écoule en bas vers la vallée, et c'est en cela aussi que tient son être. Pourtant, par impression et par influence de la lune là-haut dans le ciel, elle renie et oublie sa propre nature et coule vers le haut de la montagne, et le reflux lui est beaucoup plus facile que le flux vers le bas[77]. De là l'homme doit savoir que, s'il était comme il doit être, ce lui serait délices et joie de laisser là et de renier sa volonté naturelle, et de sortir complètement de soi pour entrer dans tout ce que Dieu veut que l'homme souffre. Et c'est le vrai sens de ce qu'entend Notre-Seigneur lorsqu'il disait : « Qui veut venir à moi doit sortir de soi-même et se renier, et doit soulever sa croix[78] », c'est-à-dire : il doit se défaire et se débarrasser de tout ce qui est croix et souffrance. Car pour sûr : celui qui se serait renié soi-même et serait sorti totalement de soi-même, pour lui il ne saurait y avoir ni croix, ni souffrance, ni souffrir ; tout lui serait un délice, une joie, une douceur de cœur, et celui-là viendrait à Dieu et le suivrait en vérité.

* Le « sans pourquoi » de Dieu devient le « sans pourquoi » de celui qui aime et opère pour Dieu seul : aussi bien cet homme est-il, en tant que *bon*, identique à la *bonté* même.

Car, tout ainsi que rien ne saurait troubler Dieu ni le faire souffrir, tout aussi peu quelque chose pourrait-il attrister l'homme et le faire souffrir*. Et c'est pourquoi : le fait que Notre-Seigneur dise : « Celui qui veut venir à moi, qu'il se renie soi-même et soulève sa croix et me suive », ce n'est pas seulement un commandement, comme on le dit et pense communément : c'est un serment et un enseignement divin, [qui indique] comment pour l'homme tout son souffrir, toute son œuvre, toute sa vie deviennent délicieux et joyeux, et sont plus une récompense qu'un commandement. Car l'homme qui est ainsi fait a tout ce qu'il veut, et ne veut rien de mal, et cela est la béatitude. C'est donc pourquoi Notre-Seigneur dit bien : « Bienheureux sont ceux qui souffrent pour la justice[79]. »

De même, lorsque Notre-Seigneur, le Fils, dit : « Qu'il se renie soi-même et soulève sa croix et vienne à moi », cela veut dire : deviens fils comme je suis Fils, Dieu-né, et le même Un que je suis, que je puise en habitant, en demeurant dans le sein et [le] cœur du Père. Père, dit aussi le Fils, je veux que celui qui me suit, qui vient à moi, qu'il soit là où je suis[80]. Personne ne vient réellement au Fils, en tant qu'il est Fils, que celui qui devient fils, et personne n'est là où est le Fils, qui dans le sein et [le] cœur du Père, est Un dans le Un, que celui qui est fils.

« Moi, dit le Père, je dois les conduire en un désert et là leur parler au cœur[81]. » Cœur à cœur, un dans Un, voilà ce que Dieu aime. Tout ce qui y est étranger et lointain, Dieu le hait. C'est vers le Un que Dieu attire et entraîne. C'est le Un que recherchent toutes créatures, même les créatures inférieures recherchent le Un, et c'est le Un que trouvent les

* Délice, joie et douceur ne ressortissent pas au sentiment immédiat, mais à la réalité de l'*être*. « Sorti » de lui-même, l'homme (re)trouve son *être-un* avec Dieu, et comme lui, connaît « souffrance sans souffrance ».

supérieures ; entraînées par-delà [leur] nature et revêtues de l'image [de Dieu] [82], elles recherchent le Un dans le Un, le Un en lui-même. C'est pourquoi sans doute le Fils dit : dans la déité Fils dans le Père, là où je suis, là doit être celui qui me sert, celui qui me suit, celui qui vient à moi [83].

Mais il est encore une autre consolation. On doit savoir qu'il est impossible à toute nature de briser, de corrompre ou simplement de toucher une chose quand elle ne vise pas un bien meilleur pour cela même qu'elle touche. Il ne lui suffit pas de produire un bien égal ; elle veut toujours produire un meilleur, mais comment ? Un médecin avisé ne touche jamais le doigt malade de l'homme en sorte qu'il fasse mal à l'homme s'il n'est pas en mesure de guérir le doigt lui-même ou l'homme tout entier et de le soulager. S'il peut améliorer l'homme, et aussi le doigt, il le fait ; si ce n'est le cas, il coupe le doigt pour que l'homme s'en trouve mieux. Et il est bien mieux de sacrifier seulement le doigt et de conserver l'homme, plutôt que tous deux, doigt et homme, ne se corrompent. Mieux vaut un préjudice que deux, surtout lorsque l'un serait incomparablement plus grand que l'autre. On doit savoir aussi que le doigt et la main et un membre quelconque aime par nature bien plus que lui-même l'homme dont il est un membre, et que c'est de bon gré et sans arrière-pensée qu'il se livre joyeusement à l'infortune et au préjudice en faveur de l'homme. Je dis avec assurance et dans la vérité que ce membre ne s'aime lui-même d'aucune manière que pour celui et dans celui dont il est un membre. C'est pourquoi il serait grandement équitable, et ce nous serait naturellement juste, de ne nous aimer nous-mêmes en rien que pour Dieu et en Dieu. Et s'il en était ainsi, nous serait léger et délicieux tout ce que Dieu voudrait de nous et en nous, en particulier si nous étions conscients de ce que Dieu pourrait incomparablement moins tolérer détresse ou préjudice s'il ne voyait en cela et ne visait un bien-être beaucoup plus grand. Au vrai, celui qui pour cela ne s'en remet pas à Dieu, il est en tout point équitable qu'il ait souffrir et souffrance.

Il est encore une autre consolation. Saint Paul dit que Dieu châtie tous ceux qu'il accueille et reçoit pour fils [84]. Cela fait partie des choses, si l'on doit être fils, que de souffrir. Étant donné que le Fils de Dieu dans la déité et dans l'éternité ne pouvait souffrir, pour cette raison le Père céleste l'envoya dans le temps pour qu'il devienne homme et puisse souffrir. Si donc tu veux être fils de Dieu et que pourtant tu ne veuilles pas souffrir, tu as tout à fait tort. Dans le Livre de la Sagesse il est écrit que Dieu éprouve et teste qui est juste, tout comme l'on éprouve et teste et brûle l'or dans une fournaise [85]. C'est un signe que le roi ou un prince se fie pleinement à un chevalier lorsqu'il l'envoie au combat. J'ai vu un seigneur qui parfois, lorsqu'il avait admis quelqu'un comme compagnon d'armes, le faisait sortir de nuit et ensuite l'attaquait lui-même à cheval et combattait avec lui. Et il advint une fois qu'il fut près d'être tué par quelqu'un qu'il voulait tester de la sorte ; et cet écuyer, il lui fut par après beaucoup plus cher qu'auparavant.

On lit que saint Antoine dans le désert, un jour surtout, eut grandement à souffrir de la part des esprits mauvais, et lorsqu'il eut surmonté sa souffrance Notre-Seigneur lui apparut aussi corporellement dans la joie. Alors le saint homme dit : Ah ! aimable Seigneur, où étais-tu à l'instant lorsque je me trouvais en si grande détresse ? Alors Notre-Seigneur dit : J'étais ici comme je le suis maintenant. Mais je voulais contempler, et je m'en réjouissais, jusqu'où irait ta piété [86]. L'argent ou l'or est certes pur ; pourtant, lorsque l'on veut en faire une coupe dans laquelle le roi doit boire, on le soumet au feu bien davantage qu'un autre. C'est pourquoi il est écrit des Apôtres qu'ils se réjouissaient d'être dignes de souffrir un opprobre pour Dieu [87].

Le Fils de Dieu par nature voulut devenir homme par grâce afin de pouvoir souffrir pour toi, et toi tu veux devenir fils de Dieu et non pas homme afin que tu ne puisses ni ne doives souffrir pour Dieu ni pour toi-même.

De même l'homme voudrait-il savoir et considérer quelle grande joie en vérité Dieu lui-même, selon son mode, et tous les anges et tous ceux qui connaissent Dieu et l'aiment, éprouvent en la patience de l'homme, lorsque pour Dieu il subit souffrance et préjudice, pour de vrai, pour cela seul il devrait se consoler à bon droit. Un homme donne pourtant son bien et souffre l'épreuve pour pouvoir réjouir son ami et lui prouver son amour.

Mais l'on doit aussi penser à cela : si un homme avait un ami qui pour lui souffrait peines et épreuves, pour sûr il serait fort équitable qu'il fût auprès de lui et le consolât par sa présence même et par la consolation qu'il pourrait lui prodiguer. C'est pourquoi, dans le psautier, Notre-Seigneur dit d'un homme bon qu'il est avec lui dans la souffrance[88]. De cette parole, l'on peut tirer sept enseignements et sept types de consolation.

En premier lieu, ce que dit saint Augustin[89], à savoir que la patience dans la souffrance pour Dieu est meilleure, plus précieuse, plus élevée et plus noble que tout ce que l'on peut reprendre à l'homme contre sa volonté ; tout cela est [un] bien extérieur. Dieu sait que l'on ne trouve personne qui aime ce monde, si riche [soit-il], qui ne veuille volontiers et de bon gré souffrir de grandes douleurs et qui ne les souffre très longtemps s'il pouvait par après être puissant seigneur du monde entier.

En ce qui concerne le second point, je ne le prends pas seulement à partir de la parole que dit Dieu, à savoir qu'il est avec l'homme dans sa souffrance, mais je le prends de et dans cette parole, et dis par conséquent : Dieu est-il avec moi dans la souffrance, que vouloir alors de plus, que vouloir alors d'autre ? Je ne veux certes rien d'autre, je ne veux rien de plus que Dieu, si je suis dans la droite voie. Saint Augustin dit : « Il est vraiment avide et insensé celui à qui Dieu ne suffit[90] », et il dit ailleurs : « Comment les dons de Dieu, extérieurs ou intérieurs, peuvent-ils suffire à l'homme alors que Dieu même ne lui suffit pas[91] ? » C'est pourquoi il dit encore ailleurs : Seigneur, si tu nous écartes de toi, donne-nous alors un autre toi, car nous ne voulons rien que toi[92]. C'est pourquoi le Livre de la Sagesse dit : Avec Dieu, la sagesse éternelle, me sont d'un coup venus tous les biens à la fois[93]. Cela signifie en un sens que rien n'est bon ni ne saurait être bon qui vient sans Dieu, et [que] tout ce qui vient avec Dieu est bon, et bon pour la seule raison qu'il vient avec Dieu. À propos de Dieu je veux me taire. Oterait-on à toutes créatures du monde entier l'être que donne Dieu, elles demeureraient néant nu, sans attrait, sans valeur et haïssables. De bien d'autres sens précieux est dotée cette parole qu'avec Dieu advient tout bien, mais il serait trop long d'en parler maintenant.

Notre-Seigneur dit : je suis avec l'homme dans la souffrance[94]. Là-dessus saint Bernard dit : Seigneur, si tu es avec nous dans la souffrance, donne-moi de souffrir en tout temps pour qu'en tout temps tu sois avec moi, pour que je t'aie en tout temps[95].

En troisième lieu je dis : que Dieu soit avec nous dans la souffrance, cela veut dire qu'il souffre lui-même avec nous. Pour vrai, celui qui connaît la vérité, celui-là sait que je dis vrai. Dieu souffre avec l'homme, oui, il souffre selon son mode plus et incomparablement plus que celui qui souffre, qui souffre pour lui. Je dis maintenant : Dieu lui-même veut-il souffrir, je dois alors souffrir en toute équité, car, suis-je dans la droite voie, je veux ce que Dieu veut. Je prie tous les jours, et Dieu m'enjoint de prier : « Seigneur, que ta volonté advienne[96] », et pourtant, si Dieu veut la souffrance et que je veux me plaindre de souffrir : c'est grandement injuste. Je dis aussi pour sûr que Dieu souffre de si bon gré avec nous et pour nous, quand nous souffrons seulement pour Dieu, qu'il souffre sans souffrir. Souffrir lui est si délectable que souffrir pour lui n'est pas souffrir. Et c'est pourquoi, si nous étions dans la droite voie, à nous aussi souffrir ne serait pas souffrir : ce nous serait délices et consolation.

En quatrième lieu, je dis que la compassion de l'ami atténue naturellement cette souffrance. Si donc peut me consoler la souffrance d'un homme qu'il endure avec moi, bien plus doit me consoler la compassion de Dieu.

En cinquième lieu : devrais-je et voudrais-je souffrir avec un homme que j'aime et qui m'aime, je dois alors de bon gré et en toute équité souffrir avec Dieu qui souffre avec moi et souffre pour moi à cause de l'amour qu'il a pour moi.

En sixième lieu je dis : s'il se trouve que Dieu souffre avant que je ne souffre, et que je souffre pour Dieu, pour de vrai me devient consolation et joie toute ma souffrance, si grande qu'elle soit et diverse. C'est vrai de par la nature des choses : quand un homme accomplit une œuvre en vue d'une autre, ce pour quoi il l'accomplit est plus proche de son cœur, et ce qu'il accomplit est plus loin de son cœur, et ne touche jamais le cœur qu'en vue de ce pour quoi et en faveur de quoi il l'accomplit. Celui qui bâtit et coupe le bois et taille la pierre dans l'intention et dans le but de faire une maison contre chaleur de l'été et froid de l'hiver, son cœur est tout d'abord et totalement à la maison, et jamais il ne taillerait la pierre ni n'entreprendrait le travail si ce n'était en vue de la maison. Or nous le voyons bien, quand le malade boit du vin doux, il lui semble et il dit qu'il est amer, et c'est vrai, car le vin perd toute sa douceur à l'extérieur dans l'amertume de la langue, avant que le vin ne pénètre à l'intérieur, où l'âme reconnaît et apprécie le goût. Ainsi en est-il, et incomparablement plus et plus vraiment lorsque l'homme opère toute son œuvre pour Dieu[;] Dieu est alors l'intermédiaire et le plus proche de l'âme, et rien ne saurait toucher l'âme et le cœur de l'homme qui pour Dieu et pour la douceur de Dieu ne perde et ne doive de nécessité perdre son amertume et devenir limpidement doux avant que de pouvoir jamais toucher le cœur de l'homme.

Voici encore un autre signe et comparaison : les maîtres disent que sous le ciel il est un feu tout alentour, et c'est pourquoi aucune pluie ni vent, ni aucune sorte de tempête ni de mauvais temps ne saurait approcher le ciel de si près qu'il puisse ne fût-ce que le toucher ; tout se trouve brûlé et ruiné par l'ardeur du feu avant de parvenir au ciel. Je dis donc : tout ce que l'on souffre et opère pour Dieu, cela devient doux dans la douceur de Dieu avant que de parvenir au cœur de l'homme qui, pour Dieu, opère et souffre. Car c'est ce que signifie le mot « pour Dieu », car cela ne parvient jamais au cœur qu'en s'écoulant à travers la douceur de Dieu, dans laquelle cela perd son amertume. Aussi cela se trouve-t-il brûlé par le feu ardent de l'amour divin, qui entoure et enferme en lui le cœur de l'homme bon.

Maintenant, l'on peut connaître de façon manifeste comment en toute justice et de bien des manières un homme bon se trouve sous tous rapports consolé quand il souffre, dans la souffrance et dans l'œuvre. L'une des manières est s'il souffre et œuvre pour Dieu ; une autre manière, s'il est dans l'amour divin. L'homme peut aussi connaître et savoir s'il opère toute son œuvre pour Dieu et s'il est dans l'amour de Dieu ; car pour sûr, chaque fois que l'homme se trouve souffrant et sans consolation, c'est dans la mesure où son œuvre n'était pas pour Dieu seul, vois ! et dans la mesure où il n'est pas toujours dans l'amour de Dieu. Un feu, dit le roi David, accompagne Dieu et le précède, il brûle tout alentour tout ce que Dieu trouve contraire à lui[97] et inégal à lui, c'est-à-dire souffrance, désolation, trouble et amertume.

Reste le septième point dans cette parole selon laquelle Dieu est avec nous dans la souffrance et compatit avec nous : que la propriété de Dieu doit nous consoler fortement du fait qu'il est le Un limpide sans aucune multiplicité contingente de différence, ne fût-ce qu'en pensée, du fait que tout ce qui est en lui est Dieu lui-même. Et parce que c'est vrai, je dis : tout ce que l'homme bon souffre pour Dieu, il le souffre en Dieu, et Dieu est avec lui, souffrant dans sa souffrance. Ma souffrance est-elle en Dieu et Dieu compatit-il, comment alors souffrir peut-il être pour moi souffrance, puisque souffrir perd la souffrance, et que ma souffrance est en Dieu et ma souffrance est Dieu ? Pour vrai, étant donné que Dieu est vérité, et que toutes les fois que je trouve vérité je trouve mon Dieu la vérité : de même aussi, ni plus ni moins, quand je trouve souffrance limpide pour Dieu et en Dieu, je trouve Dieu ma souffrance*. Celui qui ne le reconnaît pas, qu'il accuse sa cécité, pas moi ni la vérité divine et son aimable mansuétude.

Selon cette manière, souffrez pour Dieu puisque cela est si grand bénéfice et béatitude. « Bienheureux sont-ils », disait Notre-Seigneur, « ceux qui souffrent pour la justice[98] ». Comment le Dieu amant de la bonté peut-il souffrir que ses amis, gens de bien, ne soient pas en tout temps sans relâche dans la souffrance ? Un homme aurait-il un ami qui pourrait souffrir peu de jours pour mériter de là et posséder longtemps grand bénéfice, honneur et bien-être, s'il voulait l'empêcher et que ce soit sa volonté que cela se trouve empêché par quelqu'un, on ne pourrait dire qu'il serait son ami ou qu'il

* Maître Eckhart a affirmé que souffrir en Dieu, c'est souffrir sans souffrir (cf. ci-dessus, p. 153). Il reprend ici cette même idée en disant que Dieu souffre avec moi et que Dieu est ma souffrance. En effet ce qui est en Dieu est Dieu, et c'est pourquoi ma souffrance, en lui, est identique à son être.

l'aurait en affection. C'est pourquoi : sans doute Dieu ne voudrait-il en aucune manière souffrir que ses amis, gens de bien, soient jamais sans souffrir, s'il ne leur était pas possible de souffrir sans souffrance. Toute la bonté de la souffrance extérieure provient et découle de la bonté de la volonté, ainsi que je l'ai écrit précédemment[99]. Et c'est pourquoi : tout ce que l'homme de bien voudrait souffrir et est disposé à et désireux de souffrir pour Dieu, il le souffre devant la face de Dieu et pour Dieu, en Dieu. Le roi David dit dans le psautier : Je suis disposé à tout préjudice, et ma douleur est en tout temps présente à mon cœur, devant ma face[100]. Saint Jérôme dit qu'une cire pure, qui est bien malléable et propre à ce que l'on fasse à partir d'elle et d'elle ce que l'on doit et veut, porte en elle tout ce que l'on peut faire de là, même si extérieurement personne ne produisait rien de là[101]. Aussi ai-je écrit ci-dessus que la pierre n'est pas moins lourde quand elle n'est pas en bas à reposer extérieurement sur la terre ; tout son poids est parfaitement en ce qu'elle tend vers le bas et est prête par elle-même à tomber[102]. De même, j'ai aussi écrit ci-dessus que l'homme bon a dès maintenant fait au ciel et sur terre tout ce qu'il voulait faire, en cela aussi égal à Dieu.

Maintenant, l'on peut connaître et savoir la grossièreté de ces gens qui communément s'étonnent de voir des gens de bien souffrir douleurs et épreuves, et [qui] succombent souvent à la pensée et à l'illusion que c'est à cause de leur péché secret, et qui disent aussi parfois : Ah ! Je m'imaginais que cet homme était très bon. Comment se fait-il qu'il souffre si grande souffrance et épreuve, et moi je croyais qu'il était sans reproche ? Et je consonne avec eux : pour sûr, si c'était souffrance et que ce qu'ils souffrent était pour eux souffrance et malheur, c'est qu'ils ne seraient pas bons ni sans péché. Mais s'ils sont bons, alors le souffrir n'est pas pour eux souffrance ni malheur, mais il est pour eux un grand bonheur et béatitude. « Bienheureux », disait Dieu, la vérité, « sont tous ceux qui souffrent pour la justice[103]. » C'est pourquoi le Livre de la Sagesse dit que « les âmes des justes sont dans la main de Dieu[104]. » « Les insensés se figurent et s'imaginent qu'ils meurent et périssent », « alors qu'ils sont en paix », dans les délices et la béatitude. Saint Paul, lorsqu'il écrit que de nombreux saints ont souffert toutes sortes de grandes peines, dit que le monde était indigne d'eux[105], et cette parole, pour qui en rend vraiment raison, a trois sortes de significations. L'une, que ce monde est indigne de la présence de beaucoup de gens de bien. Un autre sens est meilleur, qui énonce que la bonté de ce monde est pitoyable et sans valeur : Dieu seul est valeur, c'est pourquoi ils valent cher pour Dieu et sont dignes de Dieu. Le troisième sens, que je vise maintenant et dont je veux parler, est que ce monde, à savoir les gens qui aiment ce monde, sont indignes de pâtir souffrance et épreuves pour Dieu. C'est pourquoi il est écrit que les saints Apôtres se réjouissaient de ce qu'ils étaient dignes de souffrir pour le nom de Dieu[106].

Assez maintenant de ce discours, car dans la troisième partie de ce livre je veux décrire plusieurs sortes de consolation par quoi peut et doit aussi se consoler un homme bon dans sa souffrance, ainsi qu'on le trouve dans les œuvres et pas seulement dans les paroles des gens de bien et avisés*.

* La troisième partie de ce traité ne sera plus de l'ordre d'un « discours », et ne traitera donc plus de « paroles » ou d'enseignement, mais d'« œuvres » remarquables qui peuvent servir d'exemples et de modèles.

3.

On lit dans le Livre des Rois que quelqu'un maudit le roi David et lui infligea grand affront. Alors un ami de David dit qu'il voulait frapper à mort ce chien méchant. Le roi dit alors : Non ! car il se peut que Dieu, par cet affront, veuille faire et fasse ce qui est le meilleur pour moi [107].

On lit dans le Livre des Pères qu'un homme se plaignit à un saint Père de ce qu'il était dans la souffrance. Alors le Père dit : Veux-tu, fils, que je prie Dieu qu'il te la retire ? Alors l'autre dit : Non, Père, car elle m'est profit ; je le reconnais aisément. Mais prie Dieu qu'il me donne sa grâce pour que je souffre volontiers [108].

On demanda une fois à un homme malade pourquoi il ne priait pas Dieu de le rendre à la santé. Alors l'homme dit qu'il n'avait pas penchant de le faire, pour trois raisons : l'une parce qu'il entendait être certain que l'aimable Dieu ne pourrait jamais tolérer qu'il soit malade si ce n'était son plus grand bien. Une autre chose était que, lorsque l'homme est bon, il veut tout ce que Dieu veut, et non pas que Dieu veuille ce que l'homme voudrait ; ce serait un grand tort. Et c'est pourquoi : s'il veut que je sois malade — s'il ne le voulait pas, cela ne serait pas non plus — je ne dois alors pas désirer être en bonne santé. Car il est hors de doute que, s'il se pouvait que Dieu me rendît la santé en dépit de sa volonté, ce ne me serait d'aucune valeur et pitoyable qu'il me rende la santé. Vouloir provient d'amour, non-vouloir provient de non-amour. Il m'est bien plus agréable, meilleur et de plus grand profit que Dieu m'aime et qu'en sus je sois malade que si j'étais sain de corps et que Dieu ne m'aimât pas. Ce que Dieu aime est quelque chose, ce que Dieu n'aime pas n'est rien, c'est ainsi que s'exprime le Livre de la Sagesse [109]. Cela comporte aussi cette vérité que tout ce que Dieu veut, en cela même et par là même que Dieu le veut, est bon. Pour vrai, à parler humainement : il me serait plus agréable que m'aimât un homme riche, puissant, un roi, et qu'il me laissât un court instant sans rien me donner, plutôt que sur-le-champ il ménage de me faire des cadeaux et qu'il ne m'aimât pas *pour de vrai* ; en sorte que ce soit par amour qu'il ne me donne rien d'un coup maintenant, mais ne me donne rien maintenant pour la raison qu'il veut me combler par après plus largement et plus richement. À quoi j'ajoute la supposition que l'homme qui m'aime et qui maintenant ne me donne rien ne pense pas me donner quelque chose par après : sans doute se ravisera-t-il par la suite et me fera-t-il un cadeau. Je dois attendre avec patience, d'autant que ses dons sont par grâce et immérités. De même, pour sûr : celui dont je mésestime l'amour et à la volonté de qui s'oppose ma volonté, avec pour seul but d'obtenir ses dons, il est fort équitable qu'il ne me donne rien et qu'il me haïsse même et me laisse dans la désolation.

La troisième chose pour laquelle ce ne me serait d'aucune valeur et pitoyable que je voulusse prier Dieu qu'il me rendît à la santé : c'est que je ne veux ni ne dois prier le Dieu riche, aimable, doux, pour si peu. S'il se trouvait que j'aie fait cent ou deux cents lieues pour me rendre chez le pape, et que je me présente devant lui et lui dise : Seigneur Saint-Père, j'ai bien fait deux cents lieues de chemin difficile et à grands frais, et je vous demande, c'est pourquoi aussi je suis venu vous voir, que vous me donniez une fève, pour vrai lui-même et celui qui l'aurait entendu dirait, et à très bon droit, que je suis un fou fieffé. Or c'est une vérité certaine que je dis, que tout bien, et même toutes les créatures, en regard de Dieu, sont moindres qu'une fève en regard de tout ce monde corporel. C'est pourquoi ce serait à bon droit, si j'étais un homme de bien, un sage, que je dédaignerais de vouloir prier d'être rendu à la santé.

À ce propos je dis en outre : c'est le signe d'un cœur malade qu'un homme soit joyeux ou souffrant en raison des choses éphémères de ce monde. L'on devrait en avoir grande honte du fond du cœur devant Dieu et ses anges et devant les gens, lorsque l'on viendrait à en être conscient. On a tellement honte d'un défaut au visage que les gens voient extérieurement. Pourquoi m'étendre davantage ? Les livres de l'Ancienne et de la Nouvelle Alliance aussi bien que des saints et des païens sont pleins d'exemples de gens pieux qui pour Dieu et pour la vertu naturelle ont donné leur vie et se sont volontiers reniés eux-mêmes.

Un maître païen, Socrate, dit que les vertus rendent choses impossibles possibles et même faciles et douces[110]. Je ne veux pas non plus oublier que la bienheureuse femme dont parle le Livre des Macchabées en un seul jour vit de ses propres yeux le supplice stupéfiant, et pareillement horrible, inhumain et cruel, que l'on appliqua et infligea à ses sept fils, et elle regarda cela avec joie et les soutint et les exhorta tous l'un après l'autre à ne pas avoir peur et à sacrifier volontiers corps et âme pour la justice de Dieu[111]. Avec cela ce livre prend fin. Pourtant je veux encore dire deux mots.

L'un est que, pour vrai, un homme bon, divin, devrait avoir grande honte et confusion que souffrance jamais le touche, alors que nous voyons que le marchand, pour le gain d'un maigre bénéfice, et aussi dans l'incertitude, part souvent pour un pays lointain, arpente chemins difficiles, monts et vallées, franchit contrées sauvages et mers, affronte brigands, assassins de corps et de biens, et souffre grande pénurie en nourriture et boisson, sommeil et autres épreuves, et pourtant oublie tout cela de bon gré et volontiers pour un avantage incertain si maigre. Un chevalier, dans un combat, risque biens, corps et âme, pour un honneur éphémère et bien court, et il nous semble si énorme de souffrir quelque peu pour Dieu, la béatitude éternelle.

L'autre mot que j'ai en vue est que maints hommes grossiers diront que nombre de paroles que j'ai consignées dans ce livre et ailleurs aussi ne sont pas vraies [112]. À quoi je répondrais ce que saint Augustin dit dans le premier livre de ses *Confessions*. Il dit que tout ce qui est encore à venir, même par-delà mille et mille ans si le monde devait durer aussi longtemps, Dieu l'a fait maintenant, et tout ce qui est passé depuis des millénaires, il le fera aujourd'hui encore [113]. Qu'y puis-je s'il s'en trouve qui ne le comprennent pas ? Et ailleurs il dit encore que l'homme s'aime sans aucune retenue qui veut aveugler les autres gens pour dissimuler son propre aveuglement [114]. Il me suffit qu'en moi et en Dieu soit vrai ce que je dis et écris. Qui voit un bâton plongé dans l'eau, il lui semble que le bâton est brisé, alors qu'il est tout à fait droit, et cela tient à ce que l'eau est plus grossière que n'est l'air ; pourtant le bâton est droit et non brisé aussi bien en lui-même que dans l'œil qui ne le voit que dans la limpidité de l'air.

Saint Augustin dit [115] : celui qui, sans toutes sortes de pensées, toutes sortes de figurations et d'images, connaît intérieurement ce qu'aucun regard extérieur n'a introduit en lui, celui-là sait que c'est vrai. Mais celui qui l'ignore, celui-là rit et se moque de moi, et j'ai miséricorde de lui. Mais des gens de cette venue veulent contempler et goûter choses éternelles et œuvres divines et se tenir dans la lumière de l'éternité, alors que leur cœur flotte, ni dans l'hier, ni dans le demain.

Un maître païen, Sénèque, dit : Des choses grandes et sublimes l'on doit parler avec des sentiments grands et sublimes et avec une âme élevée [116]. On dira aussi que de doctrines de telle venue on ne doit parler ni écrire pour des ignorants. À cela je dis : si l'on ne doit pas instruire les ignorants, jamais personne ne sera instruit, personne ne sera en mesure d'enseigner ni d'écrire. Car on instruit les ignorants pour que d'ignorants ils deviennent instruits. S'il n'y avait rien de neuf, il n'y aurait rien de vieux. « Ceux qui sont en bonne santé, dit Notre-Seigneur, ceux-là n'ont pas besoin de remèdes[117]. » Le médecin est là pour rendre les malades à la santé. Mais s'il est quelqu'un qui entend cette parole de façon erronée, que peut à cela l'homme qui dit justement cette parole qui est juste ? Saint Jean annonce le saint Évangile à tous les croyants, et aussi à tous les incroyants afin qu'ils deviennent croyants, et pourtant il commence l'Évangile à partir du plus sublime qu'aucun homme puisse dire sur Dieu ici-bas[118] : aussi ses paroles, tout comme celles de Notre-Seigneur, ont-elles été perçues souvent de façon erronée.

Que le Dieu de douceur et d'amour, la vérité, me donne, ainsi qu'à tous ceux qui doivent lire ce livre, de trouver en nous la vérité et d'y être attentifs. Amen.

II. De l'homme noble

Notre-Seigneur dit dans l'Évangile : « Un homme noble partit vers un pays lointain pour y recevoir un royaume et s'en revint[1]. » Notre-Seigneur nous enseigne par ces paroles combien noble l'homme est créé dans sa nature et combien divin est ce à quoi il peut parvenir par grâce, et aussi comment l'homme doit y parvenir[2]. En outre, est touchée par ces paroles une grande partie de l'Écriture sainte.

On doit savoir en premier lieu[3], et c'est aussi fort manifeste, que l'homme a en lui deux sortes de nature : corps et esprit. C'est pourquoi un écrit porte : celui qui se connaît soi-même, celui-là connaît toutes les créatures, car toutes les créatures sont ou corps ou esprit. C'est pourquoi l'Écriture dit à propos de l'humain qu'il est en nous un homme extérieur, et un autre homme, intérieur[4]. À l'homme extérieur appartient tout ce qui est inhérent à l'âme, conjoint et mêlé à la chair, et qui a une œuvre commune avec et dans un membre quelconque du corps, tels que l'œil, l'oreille, la langue, la main et d'autres*. Et tout cela, l'Écriture le prend

* Corps/esprit, âme/chair : le premier de ces schémas ressortit à l'opposition paulinienne entre le bien et le mal en l'homme (Rm 7,14-25) ; le second, plus proche de l'hylémorphisme aristotélicien, selon lequel l'homme est constitué de deux parts distinctes, invite à comprendre que l'homme extérieur — l'homme charnel — articule l'âme et la chair sous

comme le vieil homme, l'homme terrestre, l'homme extérieur, l'homme ennemi, un homme servile.

L'autre homme qui est en nous, c'est l'homme intérieur, que l'Écriture appelle un homme nouveau, un homme céleste, un homme jeune, un ami et un homme noble[5]. Et c'est ce que dit Notre-Seigneur : « Un homme noble partit vers un pays lointain et y reçut un royaume et s'en revint. »

On doit encore savoir que saint Jérôme dit, et les maîtres aussi le disent de concert, que tout homme, dès lors qu'il est homme, a un esprit bon, un ange, et un esprit mauvais, un démon[6]. Le bon ange conseille et sans relâche incline vers ce qui est bien, ce qui est divin, ce qui est vertu et céleste et est éternel. L'esprit mauvais conseille et incline l'homme en tout temps vers ce qui est temporel et éphémère et ce qui est vice, mauvais et diabolique. Ce même esprit mauvais confère en tout temps avec l'homme extérieur, et par lui tend secrètement des pièges en tout temps à l'homme intérieur, tout comme le serpent conférait avec la femme Ève, et par elle conférait avec l'homme Adam[7]. L'homme intérieur, c'est Adam. L'homme dans l'âme, c'est l'arbre bon, qui toujours sans relâche porte de bons fruits, lui dont parle aussi Notre-Seigneur[8]. C'est aussi le champ dans lequel Dieu a semé son image et sa ressemblance[9] et sème la bonne semence, la racine de toute sagesse, de tous arts, de toutes vertus, de toute bonté : semence de nature divine[10]. Semence de nature divine, c'est le Fils de Dieu, Parole de Dieu[11].

L'homme extérieur, c'est l'homme ennemi et le mauvais qui par-dessus a semé et jeté l'ivraie[12]. De lui parle saint Paul : je trouve en moi ce qui m'entrave et est contraire à ce que Dieu commande et à ce que Dieu conseille[13] et à ce que Dieu a dit et dit encore dans le plus élevé, dans le fond de

l'économie de la chair, tandis que l'homme intérieur — l'homme spirituel — les conjoint selon l'économie de l'âme ou de l'esprit.

mon âme*. Et ailleurs il dit et se lamente : « Hélas ! homme infortuné que je suis ! Qui me délivrera de cette chair et de ce corps de mort[14] ? » Et il dit aussi ailleurs que l'esprit de l'homme et sa chair s'affrontent l'un l'autre en tout temps. La chair conseille vice et méchanceté ; l'esprit conseille amour de Dieu, joie, paix et toute vertu[15]. Qui obéit et vit selon l'esprit, selon son conseil, celui-là appartient à la vie éternelle[16]. L'homme intérieur est celui dont parle Notre-Seigneur lorsqu'il dit que « un homme noble partit vers un pays lointain pour y recevoir un royaume ». C'est l'arbre bon dont parle Notre-Seigneur lorsqu'il dit qu'en tout temps il porte du bon fruit et jamais de mauvais[17], car il veut bonté et incline vers bonté, vers la bonté qui plane en elle-même, indemne de ceci et de cela. L'homme extérieur est l'arbre mauvais qui jamais ne saurait porter de bon fruit.

En ce qui concerne la noblesse de l'homme intérieur, de l'esprit, et l'indignité de l'homme extérieur, de la chair, des maîtres païens, Cicéron et Sénèque, disent eux aussi qu'il n'est pas d'âme rationnelle sans Dieu[18] ; la semence de Dieu est en nous[19]. Disposerait-elle d'un ouvrier bon, avisé et diligent, elle se développerait d'autant mieux et s'élèverait jusqu'à Dieu dont elle est la semence, et le fruit deviendrait à l'égal une nature de Dieu. Semence du poirier se développe en poirier, semence du noyer en noyer, semence de Dieu en Dieu. Mais se trouve-t-il que la semence bonne dispose d'un ouvrier stupide et méchant, ivraie se développe alors et recouvre et étouffe la semence bonne, en sorte qu'elle ne saurait venir à la lumière ni se développer au-dehors. Origène, un grand maître, dit pourtant : étant donné que Dieu lui-même

* Le plus « élevé » dans l'âme, c'est l'intellect. Il est mis en équation avec le « fond » — l'abîme intérieur dont l'homme procède. Cette identité des extrêmes symboliques est caractéristique de la pensée de Maître Eckhart.

a semé et imprimé et rendu innée cette semence, elle peut bien se trouver recouverte et cachée, et pourtant jamais détruite ni éteinte en elle[-même] ; elle arde et brille, illumine et brûle et s'incline sans relâche vers Dieu[20].

Le premier degré de l'homme intérieur et du nouveau, dit saint Augustin, est lorsque l'homme vit selon l'exemple de gens de bien et saints, mais chemine encore en se tenant aux chaises et proche des murs, et se restaure encore de lait[21].

Le second degré est lorsque maintenant il ne considère plus seulement les exemples extérieurs, fût-ce des gens de bien, mais il court et se hâte vers l'enseignement et le conseil de Dieu et de la divine sagesse, tourne le dos à l'humanité et le visage vers Dieu, s'arrache au giron de sa mère et sourit au Père céleste.

Le troisième degré, c'est lorsque de plus en plus l'homme se soustrait à sa mère et est de plus en plus loin de son giron, échappe au souci, bannit la peur, de sorte que, même s'il pouvait agir mal et faire du tort sans irriter quiconque, il n'en aurait pourtant nulle envie ; car par amour il est ainsi uni avec un bon zèle à Dieu, jusqu'à ce que celui-ci l'ait institué et affermi en joie et en douceur et en béatitude, là où lui est pitoyable tout ce qui à celui-ci est inégal et étranger.

Le quatrième degré est lorsque de plus en plus il progresse et s'enracine dans l'amour et en Dieu, en sorte qu'il est disposé à accepter toutes traverses, épreuves, adversités, et à pâtir des souffrances volontiers et de bon gré, avec désir et joie.

Le cinquième degré est lorsqu'il vit totalement recueilli en soi-même, en paix, reposant calmement dans la munificence et dans la surabondance de la sagesse indicible la plus sublime.

Le sixième degré est lorsque l'homme a dépouillé [toute] image et revêtu l'image* d'éternité de Dieu, et est venu au

---

* *entbildet, überbildet* : avec ce sixième degré et la mention significative de l'éternité s'achève le périple de l'homme retrouvant son « intério-

parfait total oubli de la vie éphémère et temporelle, et est tiré et transformé* en une image divine, est devenu enfant de Dieu. Par-delà il n'est aucun degré plus élevé, et là est repos éternel et béatitude, car la fin de l'homme intérieur et de l'homme nouveau est vie éternelle.

À propos de cet homme intérieur noble**, où semence de Dieu et image de Dieu est imprimée et semée, la façon dont la semence et l'image de nature divine et d'être divin, le Fils de Dieu, apparaît, la façon dont on la perçoit et dont aussi parfois elle demeure celée, le grand maître Origène énonce une comparaison, à savoir que l'image de Dieu, le Fils de Dieu, est dans le fond de l'âme comme une fontaine vive[22]. Mais celui qui y jette de la terre, c'est-à-dire un désir terrestre, cela l'entrave et la recouvre, en sorte qu'on ne la reconnaît ni ne l'aperçoit plus ; pourtant, elle demeure vive en soi-même, et lorsqu'on retire la terre qui de l'extérieur a été jetée sur elle, elle apparaît alors et on l'aperçoit. Et il dit que cette vérité est signifiée dans le premier livre de Moïse, là où il est écrit qu'Abraham avait creusé dans son champ des fontaines vives, et que des malfaiteurs les comblèrent de terre ; et après qu'on en eut retiré la terre, alors apparurent les fontaines vives[23].

De quoi il est encore une autre comparaison : le soleil brille sans relâche ; pourtant, lorsqu'il y a un nuage ou de la vapeur entre nous et le soleil, nous ne percevons pas son éclat. Et de même, lorsque l'œil en lui-même est infirme et

---

rité » originelle. Cette métaphysique de l'image est inspirée de Paul (Eph 4,22-24 ; Col 3,9-10).

* *übergewandelt* : ayant revêtu le Christ, l'homme devient fils. Il est « enfant de Dieu ». Eckhart va affirmer dans les paragraphes prochains l'identité entre « image de Dieu » et « fils de Dieu ».

** Seconde partie de ce sermon : il y sera traité tour à tour de la façon dont la nature divine de l'homme peut être voilée mais non abolie, ainsi que de l'inanité de tout « intermédiaire » entre Dieu et l'homme.

malade ou voilé, l'éclat lui est inconnu. J'ai eu parfois recours moi aussi à une comparaison d'évidence : lorsqu'un maître fait une image à partir d'un bois ou d'une pierre, il n'introduit pas l'image dans le bois, il rogne plutôt les copeaux qui tenaient cachée et recouverte l'image ; il n'ajoute rien au bois, mais il lui retranche et creuse en surface et enlève la rouille, et resplendit alors ce qui se trouvait caché dessous[24]. C'est là le trésor qui était caché dans le champ, comme Notre-Seigneur le dit dans l'Évangile[25].

Saint Augustin dit : lorsque l'âme de l'homme se tourne entièrement vers le haut dans l'éternité vers Dieu seul, alors brille et luit l'image de Dieu ; mais quand l'âme se tourne vers le dehors, fût-ce dans l'exercice extérieur des vertus, cette image se trouve totalement voilée[26]. Et cela veut dire que les femmes ont la tête voilée et les hommes nue, selon l'enseignement de saint Paul[27]. Et c'est pourquoi : tout ce qui, de l'âme, se tourne vers le bas reçoit de cela même vers quoi il se tourne un voile, un couvre-chef ; mais ce qui, de l'âme, se porte vers le haut est nûment image de Dieu, naissance de Dieu, sans voile et nu dans l'âme nue. À propos de l'homme noble, comment l'image de Dieu, le Fils de Dieu[28], la semence de nature divine jamais en nous ne se trouve détruite, même si elle se trouve voilée, de cela le roi David dit dans le psautier : même si tombent sur l'homme nombre de vanités, de souffrances et d'afflictions, il demeure néanmoins dans l'image de Dieu et l'image en lui[29]. La lumière véritable luit dans les ténèbres, seulement on ne la perçoit pas[30].

« Ne prêtez attention, ainsi parle le Livre de l'Amour[31], au fait que je suis brune, je suis belle pourtant et bien faite ; mais le soleil a altéré ma couleur[32]. » Le soleil est la lumière de ce monde, et signifie que le plus élevé et le meilleur qui ait été créé et fait recouvre et altère la couleur de l'image de Dieu en nous. « Otez, dit Salomon, la rouille de l'argent, alors luit et brille la coupe la plus limpide qui soit[33] », l'image, Fils de Dieu, dans l'âme. Et c'est ce que Notre-Seigneur veut dire en ces paroles, quand il déclare qu'« un homme noble partit », car il faut que l'homme sorte de toute image et de soi-même et qu'il devienne fort lointain et fort inégal à tout cela, oui, s'il veut et doit recevoir le Fils et devenir Fils dans le sein et cœur du Père.

Quel qu'il soit, tout intermédiaire est étranger à Dieu [34]. « Je suis, dit Dieu, le premier et le dernier [35]. » Il n'y a distinction ni dans la nature de Dieu ni dans les Personnes selon l'unité de la nature. La nature divine est une, et chaque Personne est une aussi, et est le même Un qu'est la nature. Distinction entre être et mode d'être [36] se trouve prise comme Un et est Un. Là où il n'est pas intérieur, là il reçoit et possède et produit distinction. C'est pourquoi : dans le Un on trouve Dieu, et il faut que devienne Un celui qui doit trouver Dieu. « Un homme, dit Notre-Seigneur, sortit ». Dans la distinction, l'on ne découvre ni Un, ni être, ni Dieu, ni repos, ni béatitude, ni satisfaction. Sois Un, pour que tu puisses trouver Dieu ! Et pour de vrai, serais-tu vraiment Un, alors tu demeurerais aussi Un dans la distinction, et la distinction te deviendrait Un et ne saurait t'entraver en rien de rien. Un demeure également Un en mille fois mille pierres aussi bien qu'en quatre pierres, et mille fois mille est tout aussi véritablement un nombre simple que quatre est un nombre.

Un maître païen dit que le Un est né du Dieu très-haut [37]. Sa propriété est d'être un avec le Un. Qui le cherche au-dessous de Dieu, celui-là s'abuse lui-même. En sus, le même maître dit, en quatrième lieu, que cet Un n'a amitié, de façon plus précise, avec rien qu'avec les vierges ou les jeunes filles [38], selon que dit saint Paul : je vous ai, vierges chastes, confiées et fiancées au Un [39]. Et ainsi devrait être l'homme, car ainsi parle Notre-Seigneur : « Un homme sortit*. »

* *Ein mensche gienc ûz* : Eckhart insiste donc sur la convenance qui identifie l'unité *(un* homme) en l'homme et en Dieu. Ce rassemblement

Homme, au sens propre du terme en latin, signifie d'une certaine manière celui qui s'incline complètement devant Dieu et soumet tout ce qu'il est et ce qui est sien, et lève le regard vers Dieu, non vers ce qui est sien, qu'il sait être derrière lui, au-dessous de lui, à côté de lui*. C'est là pleine et franche humilité ; ce nom, il le tire de la terre[40]. Je n'en veux maintenant parler plus avant. En sus, lorsque l'on parle d'homme, le mot veut dire aussi quelque chose qui est par-delà nature, par delà temps et par delà tout ce qui est incliné vers le temps ou a le goût du temps, et la même chose je dis aussi de lieu et de corporéité. Plus encore l'homme, d'une certaine manière, n'a rien de commun avec rien, ce qui est dire qu'il n'est formé ni d'après ceci ni d'après cela ni ne s'y égale, et qu'il ne sait rien du rien, en sorte que l'on ne trouve ni ne perçoive nulle part en lui rien du rien, et que le rien lui soit donc enlevé entièrement, de sorte que là l'on ne trouve nûment que vie, être, vérité et bonté. Qui est ainsi fait est « un homme noble », ni plus ni moins[41].

Il est encore une autre sorte d'enseignement à tirer de ce que Notre-Seigneur appelle un homme noble. On doit savoir aussi que ceux qui connaissent Dieu nûment connaissent en même temps que lui la créature, car la connaissance est une lumière de l'âme, et tous les hommes aspirent par nature à la connaissance[42], car même de choses mauvaises connaissance est bonne. Or les maîtres disent que, lorsque l'on connaît la créature en elle-même, cela signifie une connaissance vespérale, et l'on voit alors la créature en images quel-

---

de l'homme en lui-même est le contraire de la dispersion qui caractérise l'homme extérieur. Ainsi Jean de la Croix (poème de la *Nuit obscure)* dira-t-il que l'homme peut « sortir » de lui-même lorsque sa maison est « accoisée ».

* Qu'est-ce donc que l'homme ? Avec ce paragraphe commence le dernier développement du sermon, consacré à une compréhension de l'anthropologie spirituelle.

que peu diversifiées ; mais lorsque l'on connaît la créature en Dieu, cela s'appelle et est une connaissance matutinale, et ainsi l'on contemple la créature sans aucune diversité et dépouillée de l'image de toute image et délivrée de l'égalité de toute égalité, dans le Un qui est Dieu même[43]. C'est là aussi l'homme noble, dont Notre-Seigneur dit : « un homme noble sortit », noble pour cette raison qu'il est Un et qu'il connaît Dieu et la créature dans le Un.

Je veux encore énoncer et toucher un autre sens en ce qui concerne l'« homme noble ». Je dis : quand l'homme, l'âme, l'esprit, contemple Dieu, il se sait aussi et se connaît connaissant, c'est-à-dire : il connaît qu'il contemple et connaît Dieu. Or il a semblé à d'aucuns, et cela paraît fort croyable, que fleur et noyau de la béatitude se trouvent dans la connaissance, là où l'esprit connaît qu'il connaît Dieu ; car, que j'aie toutes délices et rien n'en sache, que me servirait-il et quelles délices me serait-ce ? Cependant, je dis pour sûr qu'il n'en est pas ainsi. Serait-il vrai que sans cela l'âme ne serait pas bienheureuse, la béatitude néanmoins ne consisterait pas en cela ; car ce en quoi en premier lieu réside la béatitude, c'est lorsque l'âme contemple Dieu nûment. Là elle reçoit tout son être et sa vie, et puise tout ce qu'elle est du fond de Dieu, et ne sait absolument rien de savoir ni d'amour ni de rien. Elle repose totalement et uniquement dans l'être de Dieu, elle ne sait que l'être là et Dieu. Lorsque pourtant elle sait et connaît qu'elle contemple, connaît et aime Dieu, c'est un coup vers l'extérieur et un contrecoup sur ce qui est premier, selon l'ordonnance naturelle* ; car personne ne se

* À nouveau, il s'agit d'un passage repris par Suso dans le *Livre de la vérité* (*op. cit.*, p. 444). Ce paragraphe est une illustration de la préférence que Eckhart, ici comme ailleurs, accorde à une visée *ontologique* par rapport à toute analyse d'ordre psychologique. L'identité entre connaître et être se suffit à elle-même, sans que l'on fasse intervenir une connaissance qui devrait se saisir réflexivement elle-même.

connaît blanc que celui aussi qui est blanc. C'est pourquoi celui qui se connaît blanc édifie et construit sur l'être-blanc, et il ne prend pas son connaître sans intermédiaire et ne sachant rien encore de la couleur ; mais il prend son connaître et son savoir de ce qui actuellement est blanc, et ne puise pas le connaître de la seule couleur en elle-même, plus, il puise connaître et savoir de ce qui est coloré ou de ce qui est blanc, et se connaît blanc. Blanc est bien moindre et bien plus extérieur qu'être-blanc. Bien autre chose est le mur et le fondement sur lequel le mur est édifié.

Les maîtres disent qu'autre est la puissance par quoi l'œil voit et autre la puissance par quoi il connaît qu'il voit [44]. Le premier aspect, le fait qu'il voie, il le prend totalement de la couleur, non de ce qui est coloré. De là, c'est tout un que ce qui est coloré soit une pierre ou un bois, un homme ou un ange : qu'il ait de la couleur, c'est en cela seulement que réside tout son être.

Je dis donc que l'homme noble prend et puise tout son être, vie et béatitude nûment et uniquement de Dieu, près de Dieu et en Dieu, non du fait de connaître, contempler et aimer Dieu ou choses semblables. C'est pourquoi Notre-Seigneur dit magnifiquement que la vie éternelle est : connaître Dieu seul comme unique vrai Dieu [45], non pas : connaître que l'on connaît Dieu. Comment l'homme devrait-il se connaître connaissant Dieu, lui qui ne se connaît pas soi-même ? Car pour sûr, l'homme ne se connaît soi-même absolument pas ni aucune chose, que Dieu seul, oui, dans la mesure où il devient bienheureux et est bienheureux : aux racines et au fondement de la béatitude. Mais lorsque l'âme connaît qu'elle connaît Dieu, elle connaît ce qui est de Dieu et de soi.

Et maintenant, autre est la puissance, ainsi en ai-je parlé, par laquelle l'homme voit, et autre la puissance par laquelle il connaît et sait qu'il voit. Il est vrai que maintenant ici, en nous, la puissance par quoi nous savons et connaissons que nous voyons est plus noble et plus élevée que la puissance par quoi nous voyons ; car la nature commence son œuvre par le plus déficient, quant à Dieu il commence son œuvre par le plus parfait. La nature fait l'homme à partir de l'enfant, et la poule à partir de l'œuf, mais Dieu fait l'homme avant l'enfant, et la poule avant l'œuf. La nature rend le bois tout d'abord chaud et brûlant, et c'est par après qu'elle fait l'être du feu [46] ; mais Dieu donne en premier lieu l'être à toute créature, et c'est par après, dans le temps et cependant hors du temps et hors de tout cela, qu'il fait ce qui en relève. De même Dieu donne le Saint-Esprit avant les dons du Saint-Esprit.

Ainsi je dis qu'il n'est pas de béatitude à moins que l'homme ne connaisse et ne sache bien qu'il contemple et connaît Dieu, Dieu veuille pourtant que là ne soit pas ma béatitude ! Un autre s'en contente-t-il, qu'il l'ait pour lui-même, mais j'ai compassion de lui. Ardeur du feu et être du feu sont fort inégaux et étonnamment loin l'un de l'autre dans la nature, même s'ils sont fort proches selon le temps et selon le lieu. Le contempler de Dieu et notre contempler sont totalement loin et inégaux l'un par rapport à l'autre.

C'est pourquoi Notre-Seigneur dit fort bien qu'« un homme noble partit vers un pays lointain pour y recevoir un royaume et s'en revint ». Car il faut que l'homme soit Un en soi-même, et il lui faut le rechercher en lui et dans le Un, et le recevoir dans le Un : c'est-à-dire contempler Dieu uniquement ; et s'en revenir, c'est-à-dire savoir et connaître que l'on connaît et sait Dieu. Et tout ce discours, le prophète Ézéchiel l'a prédit, lorsqu'il dit qu'un aigle puissant, avec de grandes ailes, une large envergure et couvert de toutes sortes de plumes, s'en vint à la montagne limpide, prit la moelle et le cœur du plus haut des arbres et arracha la cime de son feuillage et l'emporta en bas [47]. Ce que Notre-Seigneur appelle un homme noble, cela le prophète le nomme un grand aigle. Qui donc est plus noble que celui qui d'une part est né du plus élevé et du meilleur que possède la créature, et d'autre part du fond le plus intime de la nature divine et de sa solitude ? Je conduirai l'âme noble dans une solitude, dit Notre-Seigneur dans le prophète Osée, et là je parlerai à son cœur[48], Un avec Un, Un de Un, Un dans Un et, dans Un, Un éternellement[49]. Amen.

DU DÉTACHEMENT

J'ai lu beaucoup d'écrits aussi bien des maîtres païens que des prophètes, et de l'Ancien et du Nouveau Testament, et ai cherché avec sérieux et avec entière diligence quelle est la vertu la plus haute et la meilleure par quoi l'homme puisse se relier à Dieu au mieux et au plus près, et par quoi l'homme puisse devenir par grâce ce que Dieu est par nature, et par quoi l'homme se tienne au plus égal de l'image qu'il était en Dieu quand entre lui et Dieu il n'y avait pas de différence, avant que Dieu n'ait créé les créatures*. Et lorsque j'approfondis tous les écrits autant que mon intellect peut en venir à bout et en connaître, je ne trouve rien d'autre que le limpide détachement qui tout surpasse, car toutes les vertus ont quelque regard sur les créatures alors que le détachement est dépris de toutes les créatures. C'est pourquoi Notre-Seigneur

* La « vertu » que Eckhart cherche à définir ici ne ressortit pas à une exigence d'ordre moral, mais à une dimension proprement ontologique : il s'agit moins d'une voie parmi d'autres vers un but qui serait extérieur ou lointain que de rendre raison de l'*état* propre de l'homme dans le filigrane de son éternité. La distinction par grâce/par nature ne retire rien, en l'occurrence, à l'égalité d'origine et de destination entre Dieu et l'homme (cf. ci-dessus, p. 139, note en bas de page). Le Sermon 52 constitue une référence privilégiée pour le présent traité (cf. *Du détachement et autres textes*, *op. cit.*, p. 71 sq.).

dit à Marthe : « Unum est necessarium [1] », ce qui veut dire : Marthe, celui qui veut être sans trouble et limpide, celui-là doit avoir une chose — le détachement.

Les docteurs louent grandement l'amour, ainsi que le fait saint Paul qui dit : « Quelle que soit la tâche qui me retienne, si je n'ai point l'amour je ne suis rien [2]. » Pour ma part je loue le détachement avant tout amour. Pour la raison tout d'abord que le meilleur qui est en l'amour est qu'il me contraint à aimer Dieu, alors que le détachement contraint Dieu à m'aimer*. Or il est bien plus noble que je contraigne Dieu à moi plutôt que je me contraigne à Dieu. Et cela vient de ce que Dieu peut se relier plus intimement à moi et mieux s'unir à moi que je ne pourrais m'unir à Dieu. Que le détachement contraigne Dieu à moi, je le prouve par là : toute chose occupe volontiers son lieu propre naturel. Or le lieu propre naturel de Dieu est unité et limpidité, ce qui vient de détachement. Pour cette raison Dieu doit par nécessité se donner soi-même à un cœur détaché. En seconde instance, je loue le détachement avant l'amour parce que l'amour me contraint à souffrir toutes choses de par Dieu, alors que le détachement m'amène à n'être réceptif à rien qu'à Dieu. Or il est bien plus noble de n'être réceptif à rien qu'à Dieu que de souffrir toutes choses de par Dieu, car dans la souffrance l'homme a quelque regard sur la créature dont l'homme reçoit la souffrance, alors que le détachement se trouve totalement dépris de toute créature [3]. Que cependant le détachement ne soit réceptif à rien qu'à Dieu, je le prouve par là : ce qui doit se trouver reçu doit être reçu dans quelque chose. Or le détachement est à ce point proche du néant qu'aucune

---

* Que Dieu soit « contraint » par une vertu de l'homme — fût-ce celle du détachement — pourrait sonner de façon outrecuidante, si Eckhart, comme le dira la suite de ce texte, n'identifiait le détachement à Dieu lui-même. C'est donc par lui-même que Dieu se voit « contraint ».

chose n'est si ténue qu'elle puisse se loger dans le détachement si ce n'est Dieu seul*. C'est lui qui est si simple et si ténu qu'il peut certes se loger dans le cœur détaché. C'est pourquoi le détachement n'est réceptif à rien qu'à Dieu.

Les maîtres louent aussi l'humilité avant bien d'autres vertus[4]. Quant à moi, je loue le détachement avant toute humilité, et pour cette raison que l'humilité peut subsister sans détachement alors que le détachement parfait ne saurait subsister sans humilité parfaite, car l'humilité parfaite tend à un anéantissement de soi-même. Or le détachement est si proche du néant qu'entre le détachement parfait et le néant rien ne saurait être. C'est pourquoi le détachement parfait ne saurait être sans humilité. Or deux vertus sont toujours meilleures qu'une seule. L'autre chose pour quoi je loue détachement plus qu'humilité, c'est que l'humilité parfaite se courbe soi-même sous toutes les créatures, et dans ce geste de se courber l'homme sort de soi-même vers les créatures, alors que le détachement demeure dans soi-même. Or nulle sortie ne saurait jamais devenir si noble que ne soit bien plus noble le demeurer en soi-même. C'est pourquoi le prophète David dit : « Omnis gloria ejus filiae regis ab intus », ce qui veut dire : « La fille du roi a tout son honneur de l'intérieur[5]. » Le détachement parfait n'a aucun regard vers aucune courbure sous aucune créature ni au-dessus d'aucune créature ; il ne veut être ni en dessous ni au-dessus, il veut se tenir de lui-même, par amour ou par souffrance de personne, et ne veut avoir ni égalité ni inégalité avec aucune créature, ni ceci

* Entre le détachement et le néant, il n'y a *rien* — si ce n'est Dieu qui, parce qu'il est tout, n'est rien de ce qui est, dans la mesure où « ce qui est » s'ajouterait à lui. Le détachement que vise Eckhart est le rien de toute vertu, y compris de la plus haute, l'amour. Même l'amour garde quelque épaisseur : il qualifie l'être de Dieu et le tourne vers la créature. Le rien du détachement, en revanche, accueille Dieu égal à lui-même en tout ce qu'il est, en tout ce qu'il fait.

ni cela : il ne veut rien d'autre qu'être*. Mais qu'il veuille être ceci ou cela, il ne le veut pas. Car celui qui veut être ceci ou cela, celui-là veut être quelque chose, alors que le détachement ne veut être rien. C'est pourquoi toutes choses, de son fait, se tiennent sans charge. Or un homme pourrait dire : toutes les vertus étaient pourtant de façon parfaite en Notre-Dame, et donc il fallait aussi que soit en elle le détachement parfait. Si maintenant le détachement est plus haut que l'humilité, pourquoi donc Notre-Dame se glorifiait-elle de son humilité et non de son détachement lorsqu'elle dit : « Quia respexit Dominus humilitatem ancillae suae », ce qui veut dire : « Il considéra l'humilité de sa servante[6] », — pourquoi ne dit-elle pas : « Il considéra le détachement de sa servante » ? À cela je réponds et dis qu'en Dieu sont détachement et humilité, pour autant que nous puissions parler de vertus à propos de Dieu. Or tu dois savoir que l'aimable humilité conduisit Dieu à se courber jusqu'à la nature humaine et que le détachement se tenait immobile en lui-même quand il devint homme, comme il le fit quand il créa ciel et terre, comme je le dirai par après. Et parce que Notre-Seigneur, quand il voulut devenir homme, se tenait immobile en son détachement, Notre-Dame sut bien qu'il désirait la même chose aussi d'elle et qu'en l'affaire il considérait son humilité et non son détachement. Et c'est pourquoi elle se tenait immobile dans son détachement, et se glorifiait de son humilité et non de son détachement. Et n'aurait-elle men-

* Dans le sermon *De l'homme noble*, Eckhart a su magnifier le *ûzgehen*, le « sortir » de soi-même. Si le demeurer en soi est ici qualifié de plus noble, ce n'est pas par mésestime de ce qu'est le sortir, mais bien pour la raison que le demeurer traduit au mieux le fait que l'homme alors ne tende à rien d'autre qu'à être. Il est remarquable que le détachement ici préconisé pour l'homme exprime les caractéristiques de Dieu même : il est ce qu'il est et n'est que ce qu'il est. Si donc le détachement désire n'être rien, c'est bien parce que Dieu est tout.

tionné que d'un mot son détachement, en sorte qu'elle aurait dit : il a considéré mon détachement, par là le détachement aurait été troublé et n'aurait été total ni parfait, car là il y aurait eu une sortie. Or il ne saurait y avoir sortie si petite qu'en elle le détachement puisse demeurer sans tache*. Et ainsi as-tu la raison pour laquelle Notre-Dame se glorifia de son humilité et non de son détachement. C'est pourquoi le prophète dit : « Audiam quid loquatur in me dominus Deus », ce qui veut dire : « Je me tairai et entendrai ce que mon Dieu et mon Seigneur dit en moi[7] », comme s'il disait : Dieu veut-il me parler, qu'il vienne en moi, je ne sortirai pas.

Je loue aussi le détachement avant toute miséricorde, car la miséricorde n'est rien d'autre que le fait que l'homme sorte de soi-même vers les misères de son prochain, et de là son cœur se trouve troublé. De quoi le détachement reste dépris et demeure dans soi-même et ne se laisse troubler par aucune chose ; car aussi longtemps quelque chose peut troubler l'homme, il n'en va pas bien pour l'homme. À le dire brièvement : lorsque je considère toutes les vertus, je n'en trouve aucune qui soit à ce point sans faille et capable d'unir à Dieu que ne l'est le détachement.

Un maître s'appelle Avicenne, il dit : « L'esprit qui se tient détaché, sa noblesse est si grande que tout ce qu'il contemple est vrai, et tout ce qu'il désire lui est accordé, et en tout ce

---

* À nouveau, la « sortie » dont il est ici question est celle qui « incline vers la créature », fût-ce dans une relation d'*amour*, d'*humilité*, de *miséricorde* — ce qui ajouterait quelque chose à la pureté du *rien*. Pour autant, ce n'est pas de mépris à l'encontre de la créature qu'il est ici question, mais de faire saisir ce qu'est le détachement dans sa portée ontologique. En fait, toute autre vertu, par rapport au détachement, est dans la même relation qu'un attribut par rapport à l'être de Dieu. En somme, il n'est point de « sortie » qu'il faille pratiquer, puisqu'elle est *dès toujours* réalisée dans l'être.

qu'il commande il faut qu'il soit obéi*. » Et tu dois le savoir pour vrai : quand l'esprit libre se tient en juste détachement, alors il contraint Dieu à son être[8] ; et pourrait-il se tenir là dénué de forme et sans aucun accident, il prendrait pour soi ce qui est en propre à Dieu. Mais cela Dieu ne saurait le donner à personne qu'à lui-même ; c'est pourquoi Dieu ne saurait faire plus pour l'esprit détaché que de se donner soi-même à lui. Et l'homme qui se tient ainsi en tout-détachement se trouve tellement ravi dans l'éternité que plus aucune chose éphémère ne saurait l'émouvoir, qu'il n'éprouve rien de ce qui est charnel, et on le dit mort au monde car il n'a de goût pour rien de ce qui est terrestre. C'est ce que pensait saint Paul lorsqu'il disait : « Je vis et pourtant ne vis pas ; c'est Christ qui vit en moi[9]. »

Or tu peux bien demander ce qu'est le détachement puisqu'il est de telle noblesse en lui-même. Ici tu dois savoir que le juste détachement n'est rien d'autre que le fait que l'esprit se tienne aussi immobile face à toutes vicissitudes d'amour et de souffrance, d'honneur, de honte et d'outrage, qu'une montagne de plomb est immobile sous une brise légère. Ce détachement immobile amène l'homme à la plus grande égalité avec Dieu. Car que Dieu soit Dieu, il le tient de son détachement immobile, et c'est du détachement qu'il tient sa limpidité et sa simplicité et son immutabilité**. Et c'est

---

* Cf. Avicenne, *Sixième livre des choses naturelles (Livre de l'âme)*, Pars 4, c. 4. Avec ce paragraphe s'ouvre la seconde partie de ce traité : Eckhart, replaçant le détachement dans son origine, montre comment Dieu, la Trinité, le Christ ne cessent de se définir par cet *état* ou par cette forme de l'*être*, jusque dans l'agir pour ce qui est de Dieu et la tribulation pour ce qui est du Christ.

** Que le détachement soit identifié à Dieu — ou que Dieu soit le seul détaché — signe le fait qu'il ne s'agit pas là d'une « vertu » qui s'ajouterait à l'être comme pour le qualifier. Il y a identité, et d'abord en Dieu même, entre l'être comme tout et le rien du détachement.

pourquoi, si l'homme doit devenir égal à Dieu, pour autant qu'une créature puisse avoir égalité avec Dieu, il faut que cela se fasse par détachement. C'est lui qui mène alors l'homme à limpidité, et de la limpidité à simplicité, et de la simplicité à immutabilité, et ce sont ces choses qui amènent une égalité entre Dieu et l'homme ; et il faut que cette égalité advienne par grâce, car la grâce tire l'homme de toutes choses temporelles et le purifie de toutes choses éphémères. Et tu dois savoir : être vide de toute créature* c'est être plein de Dieu, et être plein de toute créature c'est être vide de Dieu.

Or tu dois savoir que dans ce détachement immobile Dieu s'est tenu de toute éternité et se tient encore, et tu dois savoir : lorsque Dieu créa ciel et terre et toute créature, cela concerna aussi peu son détachement immobile que si aucune créature n'avait été créée. Je dis encore plus : toute la prière et l'œuvre bonne que l'homme peut accomplir dans le temps, le détachement de Dieu s'en trouve aussi peu touché que si aucune prière ni œuvre bonne n'était advenue dans le temps, et jamais Dieu n'en devient pour autant plus généreux et plus incliné vers l'homme que s'il n'avait jamais accompli la prière ou l'œuvre bonne. Je dis plus encore : lorsque le Fils dans la déité voulut devenir homme et le fut et souffrit le martyre, cela concerna aussi peu l'immobile détachement de Dieu que si jamais il n'était devenu homme**. Or tu pourrais dire : j'entends donc bien, toute prière et toute œuvre bonne sont perdues, car Dieu ne l'accueille pas en guise que quelqu'un puisse le mouvoir par ce moyen, et l'on dit pourtant : Dieu veut qu'on le prie pour toute chose. Ici tu dois bien

* Dans la mesure où elle s'ajouterait à Dieu et ferait nombre avec lui.

** Le « détachement de Dieu », ici plusieurs fois répété, engendre les propositions les plus extrêmes : ni la création du monde, ni la prière ou l'œuvre de l'homme, ni même enfin le « martyre » du Christ ne sauraient affecter ce qui relève de l'*être* même de Dieu.

me prêter attention et comprendre droitement, si tu le peux, que Dieu dans son premier regard éternel — si nous pouvons admettre là un premier regard — regarda toute chose comme elle devait advenir et, dans le même regard, vit quand et comment il voulait créer les créatures, et quand le Fils voulait devenir homme et devait souffrir ; il vit aussi la moindre prière et œuvre bonne que quiconque devait accomplir, et considéra quelle prière et quelle dévotion il voulait ou devait exaucer ; il vit que tu veux avec sérieux l'invoquer et le prier demain, et cette invocation et prière il ne veut pas l'exaucer demain, car il les a exaucées dans son éternité avant que tu aies jamais été homme. Mais ta prière est-elle non instante et sans sérieux, ce n'est pas maintenant que Dieu veut refuser, car il t'a refusé dans son éternité. Et c'est ainsi que Dieu a considéré toute chose dans son premier regard éternel, et Dieu n'accomplit rien de nouveau, car toute chose est pré-accomplie*. Et c'est ainsi que Dieu se tient de tout temps en son immobile détachement, et prière et œuvre bonne des gens n'en sont pas pour autant perdues ; car celui qui fait le bien se trouve aussi récompensé en retour, celui qui fait le mal sera aussi récompensé en conséquence. C'est le sens de ce qu'exprime saint Augustin dans le cinquième livre *De la Trinité*, dernier chapitre, et il dit : « Deus autem », etc., ce qui veut dire : « Dieu nous garde de dire que Dieu aime quelqu'un dans le temps, car en lui rien n'est passé et de même rien n'est à venir, et il a aimé tous les saints, avant que jamais le monde fût créé, tels qu'il les a vus par avance. Et quand l'on en vient au temps où il rend visible dans le

* *vorgewürket.* Chaque « maintenant » de l'homme est une émergence, dans la suite des temps, de l'éternité de Dieu. Tout ce qui advient est une manifestation de ce qui *est déjà*, et ce qui s'opère aujourd'hui *est déjà* opéré dans la réalité d'origine. Ainsi le Christ devint-il homme « dans la déité » ; ainsi la prière actuelle a-t-elle été exaucée dans le *maintenant éternel* de Dieu.

temps ce qu'il a contemplé dans l'éternité, les gens imaginent que Dieu les a gratifiés d'un nouvel amour ; et de même, lorsqu'il s'irrite et prodigue quelque bien, nous sommes transformés alors qu'il demeure immuable, tout comme l'éclat du soleil fait aux yeux malades du mal et aux sains du bien, et pourtant l'éclat du soleil demeure immuable en lui-même [10]. » C'est à ce même thème que touche Augustin dans le douzième livre *De la Trinité*, au quatrième chapitre, et il dit : « Nam Deus non ad tempus videt, nec aliquid sit novi in ejus visione », « Dieu ne voit pas selon le temps, et en lui ne se lève non plus de nouvelle vision [11] ». C'est sur ce thème aussi que s'exprime Isidore dans le livre *Du bien suprême*, et il dit : « Beaucoup de gens s'interrogent : que faisait Dieu avant que de créer ciel et terre, ou d'où vint en Dieu la volonté nouvelle de créer les créatures ? », et il répond ainsi : « Aucune volonté nouvelle ne s'est jamais levée en Dieu, car bien qu'il en soit ainsi que la créature n'était pas en elle-même » comme elle est maintenant, « elle l'était pourtant de toute éternité en Dieu et dans son intellect [12] ». Dieu ne créa pas le ciel et la terre à la façon dont nous, dans le cours du temps, disons : « Que cela advienne ! » car toutes les créatures sont dites dans la Parole éternelle. En plus, nous pouvons encore faire référence à ce que Notre-Seigneur dit à Moïse lorsque Moïse dit à Notre-Seigneur : « Seigneur, si Pharaon me demande qui tu es, comment dois-je lui répondre ? », à quoi Notre-Seigneur dit : « Parle ainsi : celui qui est là, c'est lui qui m'a envoyé [13]. » Ce qui veut dire : celui qui est là immuable en lui-même, c'est lui qui m'a envoyé.

Or un homme pourrait dire : Christ avait-il aussi un immobile détachement lorsqu'il dit : « Mon âme est troublée jusqu'à la mort [14] », et Marie, lorsqu'elle se tint au pied de la Croix, et l'on parle pourtant beaucoup de sa lamentation, — comment tout cela peut-il se conjuguer avec l'immobile détachement ? Ici tu dois savoir que les maîtres disent qu'en chaque homme il y a deux sortes d'hommes : l'un s'appelle l'homme extérieur, c'est la sensibilité ; au service de cet homme sont les cinq sens, et pourtant l'homme extérieur opère par la puissance de l'âme. L'autre homme s'appelle l'homme intérieur, c'est l'intériorité de l'homme[15]. Or tu dois savoir qu'un homme spirituel qui aime Dieu ne fait pas usage des puissances de l'âme dans l'homme extérieur au-delà de ce que les cinq sens requièrent par nécessité ; et l'intériorité ne se tourne vers les cinq sens que dans la mesure où elle est un orienteur et un guide des cinq sens et les protège pour qu'ils ne se livrent pas à leur objet de façon bestiale, comme le font certaines gens qui vivent selon leur volupté charnelle, ainsi que le font les animaux qui sont sans intelligence ; et de telles gens s'appellent plus proprement des animaux que des gens. Et ce que l'âme a comme forces par delà ce qu'elle donne aux cinq sens, ces forces l'âme les donne toutes à l'homme intérieur, et quand l'homme a un objet élevé et noble, elle tire à soi toutes les forces qu'elle a prêtées aux cinq sens, et l'homme est tenu pour privé de sens et ravi, car son objet est une image intellectuelle ou quelque chose d'intellectuel sans image. Sache pourtant que Dieu attend de tout homme spirituel qu'il l'aime avec toutes les puissances de l'âme. C'est pourquoi il dit : « Aime ton Dieu de tout ton cœur[16]. » Or il est certaines gens qui consument totalement les puissances de l'âme dans l'homme extérieur. Ce sont ces gens qui tournent tous leurs sens et leur intellect vers les biens éphémères, qui ne savent rien de l'homme intérieur. Or tu dois savoir que l'homme extérieur peut être engagé dans une activité alors que l'homme intérieur se trouve totalement dépris et immobile. Or en Christ il y avait aussi un homme extérieur et un homme intérieur, et pareillement en Notre-Dame ; et ce que Christ et Notre-Dame exprimèrent jamais à propos des affaires extérieures, ils le firent selon l'homme extérieur, et l'homme intérieur se tenait dans un immobile détachement. Et c'est ainsi que Christ parlait lorsqu'il disait : « Mon âme est troublée jusqu'à la mort[17] », et tout ce dont se lamentait Notre-Dame et les autres propos qu'elle tenait, leur intériorité se tenait pourtant toujours dans un immobile détachement. Et prends pour cela une comparaison : une porte s'ouvre et se ferme sur un gond. Or je compare le panneau extérieur de la porte à l'homme extérieur, le gond en revanche je le compare à l'homme intérieur. Or selon que la porte s'ouvre ou se ferme, le panneau extérieur se tourne ici et là, et cependant le gond demeure immobile en un lieu, et pour cette raison ne subit aucun changement. Il en va de même ici, si tu l'entends bien.

Or ici je demande quel est l'objet du limpide détachement*? À quoi je réponds comme suit et dis que ni ceci ni cela n'est l'objet du limpide détachement. Il se tient sur un pur néant, et je te dis pourquoi il en est ainsi : le limpide détachement se tient au plus élevé. Or celui-là se tient au plus élevé en qui Dieu peut opérer selon toute sa volonté. Or Dieu ne saurait opérer dans tous les cœurs selon toute sa volonté, car bien qu'il en soit ainsi que Dieu est tout-puissant, il ne saurait cependant opérer que dans la mesure où il trouve ou suscite la disponibilité. Et je dis « ou suscite » à cause de saint Paul, car là il ne trouva pas de disponibilité mais il le disposa par l'influx de la grâce. C'est pourquoi je dis : Dieu opère selon qu'il trouve disponibilité**. Son opérer

---

* La troisième partie de ce traité revient sur la nature du détachement : son objet, son incompatibilité avec toute prière de demande, la noblesse qui est sienne, la joie qu'il engendre, et la souffrance qui mène le plus sûrement vers lui.

** C'est la « disponibilité » de l'homme qui, pour Maître Eckhart, détermine la vie de l'esprit. « Ni ceci ni cela » : qui se conduit d'après ce « rien », cette nudité de l'intelligence et de la volonté, donne pleine mesure au véritable détachement, pierre de touche de la présence effective de Dieu reconnu comme tout.

est autre dans l'homme qu'il n'est dans la pierre. Nous en trouvons une comparaison dans la nature : quand on chauffe un four et qu'on y dispose une pâte d'avoine et une d'orge et une de seigle et une de froment, il y a une seule chaleur dans le four et elle n'opère cependant pas de façon égale dans les pâtes, car l'une devient un beau pain, l'autre devient plus grossière, la troisième encore plus grossière. Et ce n'est pas la faute de la chaleur, c'est la faute de la matière qui n'est pas la même. De la même manière, Dieu n'opère pas de façon égale dans tous les cœurs ; il opère selon qu'il trouve disponibilité et réceptivité. Or si dans un cœur se trouve ceci ou cela, il peut y avoir dans le « ceci ou cela » quelque chose qui fait que Dieu ne saurait opérer au plus élevé. C'est pourquoi, si le cœur doit avoir disponibilité à ce qui est plus élevé que tout, il lui faut se tenir sur un pur néant, car là est aussi la possibilité la plus grande qui puisse être. Car si le cœur détaché se tient au plus élevé, il faut que ce soit sur le néant, car c'est là qu'est la réceptivité la plus grande. Prends une comparaison dans la nature. Si je veux écrire sur une tablette de cire, rien de ce qui se trouve écrit sur la tablette ne saurait être si noble qu'il ne soit obstacle, en sorte que je ne saurais écrire dessus ; et si je veux quand même écrire, il me faut alors effacer et supprimer tout ce qui se trouve sur la tablette, et la tablette ne se prête jamais aussi bien à l'écriture que lorsque rien ne se trouve sur la tablette[18]. De la même manière : si Dieu doit écrire en mon cœur au plus élevé de tout, il faut que sorte du cœur tout ce qui peut avoir nom ceci ou cela, et ainsi en va-t-il du cœur détaché. C'est pourquoi Dieu peut opérer alors au plus élevé de tout et selon sa volonté la plus haute. C'est pourquoi l'objet du cœur détaché n'est ni ceci ni cela.

Or je demande à nouveau : quelle est la prière du cœur détaché ? À cela je réponds comme suit et dis que la limpidité détachée ne peut prier, car celui qui prie désire de Dieu que quelque chose lui advienne, ou désire au contraire que Dieu lui ôte quelque chose. Or le cœur détaché ne désire rien, il n'a rien non plus dont il serait volontiers dépris. C'est pourquoi il se tient dépris de toute prière, et sa prière n'est rien d'autre que de n'être qu'une seule forme avec Dieu. En cela consiste toute sa prière*. C'est en ce sens que nous pouvons évoquer la parole de saint Denys glosant sur la parole de saint Paul lorsqu'il dit : « Vous êtes nombreux qui tous courez après la couronne, et pourtant elle n'advient en partage qu'à un seul [19] » — toutes les puissances de l'âme courent après la couronne, et pourtant elle n'advient en partage qu'à ce qui est essence —, c'est ici que Denys dit : la course n'est rien d'autre qu'un retrait de toutes les créatures et de se réunir en l'incréé [20]. Et si l'âme en vient là, elle perd son nom et Dieu l'attire dans soi en sorte qu'en elle-même elle est réduite à rien, comme le soleil attire dans soi l'aurore en sorte qu'elle est réduite à rien. À cela rien ne mène l'homme que le limpide détachement. À ce propos nous pouvons encore citer la parole que prononce Augustin : l'âme a un accès secret à la nature divine là où toutes choses lui deviennent néant [21]. Cet accès, sur terre, n'est rien d'autre que limpide détachement. Et lorsque le détachement en vient au plus élevé, de connaissance il devient sans connaissance et d'amour sans amour et

* La logique du *détachement* annule jusqu'à la possibilité d'une prière de demande ; car ce qui importe n'est plus d'obtenir « ceci ou cela », mais de se tenir dans le rien — dans une « uni-formité » avec Dieu *(einförmicheit mit gote).* La prière alors n'est plus prière, mais le simple fait d'être ce que l'on est : « Quand je demande quelque chose, je ne prie pas. Quand je ne demande rien, je prie véritablement » ; et encore : « Quand je ne prie pour personne et ne demande rien, je prie le plus véritablement [...]. Quand nous prions Dieu pour quelque autre chose que Dieu, c'est injuste, c'est un manque de foi et comme une imperfection, car ceux-là veulent mettre quelque chose à côté de Dieu » (Sermon 65, trad. Jeanne Ancelet-Hustache, III, 38. Seuil 1979).

de lumière obscur*. C'est pourquoi nous pouvons aussi évoquer ce qu'énonce un maître : les pauvres en esprit sont ceux qui ont abandonné à Dieu toutes choses, telles qu'il les avait alors que nous n'étions pas[22]. Car personne ne saurait le faire qu'en un cœur limpide détaché. Que Dieu soit plus volontiers dans un cœur détaché que dans tous les cœurs, nous le remarquons à ce que, quand tu me demandes : que cherche Dieu en toutes choses ?, je te réponds à partir du Livre de la Sagesse ; il dit là : « En toutes choses je cherche le repos[23] ! » Or il n'est nulle part de repos total que dans le cœur détaché. C'est pourquoi Dieu est là plus volontiers que dans les autres vertus ou dans n'importe quelles autres choses. Tu dois aussi savoir : plus l'homme s'attache à être réceptif à l'influx divin, plus il est bienheureux ; et celui qui par là peut s'engager dans la suprême disponibilité, celui-là se tient aussi dans la suprême béatitude. Or aucun homme ne saurait se rendre réceptif à l'influx divin que par uni-formité avec Dieu[24], car dans la mesure où un homme quel qu'il soit est une seule forme avec Dieu, dans cette mesure il est réceptif à l'influx divin. Or l'uni-formité vient de ce que l'homme se soumet à Dieu ; et autant l'homme se soumet aux créatures, d'autant moins il est une seule forme avec Dieu. Or le cœur limpide détaché se tient dépris de toutes créatures. C'est pourquoi il est pleinement soumis à Dieu, et c'est pourquoi il se tient dans la suprême uni-formité avec Dieu et est aussi le plus réceptif à l'influx divin. C'est ce que pensait saint Paul lorsqu'il disait : « Revêtez-vous de Jésus-Christ[25] », et il pensait : par uni-formité avec Christ, et cet acte de se revêtir ne peut venir que par uni-formité au Christ. Et sache-le : lorsque Christ devint homme il n'assuma pas seulement un homme,

* Le détachement, comme le rien, est à ce point le « chiffre » de Dieu que ce qui a un autre nom que lui — fût-ce connaissance, amour ou lumière — ne saurait trouver place à côté du rien qu'il est.

il assuma la nature humaine. C'est pourquoi sors de toutes choses, ne reste alors que ce que Christ assuma, et ainsi tu as revêtu Christ.

Celui alors qui veut reconnaître la noblesse et l'utilité du parfait détachement, qu'il entende la parole que Christ prononça à propos de son humanité lorsqu'il dit à ses disciples : « Il vous est utile que je vous quitte, et si je ne vous quitte pas l'Esprit-Saint ne saurait vous être donné[26] ». Tout comme s'il disait : vous avez goûté trop de joie à mon image présente, c'est pourquoi la joie parfaite de l'Esprit-Saint ne saurait vous être donnée. C'est pourquoi détachez-vous de l'image et unissez-vous à l'être dénué de forme*, car douce est la consolation spirituelle de Dieu[27] ; c'est pourquoi il ne s'offre à personne qu'à celui qui méprise la consolation corporelle.

Or prêtez attention, vous tous gens d'intelligence ! Nul n'est plus serein que celui qui se tient dans le plus grand détachement. Aucune consolation de chair et de corps ne saurait jamais aller sans dommage spirituel, « car la chair désire contre l'esprit et l'esprit contre la chair[28] ». Pour cette raison, celui qui sème dans la chair un amour désordonné, celui-là récolte la mort éternelle ; et celui qui sème dans l'esprit un amour ordonné, celui-là récolte de l'esprit la vie éternelle. Par conséquent, plus l'homme fuit le créé, plus vite s'empresse vers lui le créateur. Prêtez ici attention, vous tous gens d'intelligence ! Si la joie que nous pourrions éprouver à l'image corporelle du Christ nous est obstacle à la réceptivité de l'Esprit-Saint, combien plus met obstacle à Dieu le plaisir désordonné que nous avons en la consolation éphémère !

* La condition pour que l'homme soit « une seule forme avec Dieu », c'est qu'il soit « dénué de forme » *(formlôs)* en lui-même. C'est le même mouvement que celui par quoi l'homme doit se vouloir « dénué d'image » *(entbildet)* pour pouvoir être « revêtu de l'image d'en haut » *(überbildet)*.

C'est pourquoi le détachement est meilleur que tout, car il purifie l'âme et clarifie la conscience et embrase le cœur et éveille l'esprit et emballe le désir et fait connaître Dieu et détache de la créature et s'unit à Dieu.

Or prêtez attention, vous tous gens d'intelligence ! L'animal le plus rapide qui vous porte à cette perfection, c'est la souffrance, car personne ne goûte plus grande suavité éternelle que ceux qui se tiennent avec Christ dans la plus grande amertume. Rien n'est plus fiel que souffrir, rien n'est plus miel qu'avoir-souffert ; rien devant les gens ne décompose le corps plus que souffrir, et rien devant Dieu n'embellit l'âme plus qu'avoir-souffert[29]. Le fondement le plus solide sur lequel puisse se tenir cette perfection est l'humilité, car celui dont la nature rampe ici-bas dans le plus profond abaissement, son esprit s'envole vers le plus élevé de la déité, car amour apporte souffrance, et souffrance apporte amour. Et c'est pourquoi celui qui désire parvenir au parfait détachement, qu'il recherche la parfaite humilité, alors il parviendra à approcher la déité[*].

Pour qu'à nous cela advienne, que nous y aide le suprême détachement, qui est Dieu même. Amen.

---

* Au début de ce traité (cf. ci-dessus, pp. 177 sq.), Eckhart a montré que le détachement l'emporte sur l'amour, la souffrance, l'humilité, la miséricorde. Il rappelle ici comment ces vertus, singulièrement la souffrance et l'humilité, sont effectivement subordonnées au détachement, et lui servent d'appui ou de chemin. Seul le détachement est identique à Dieu.

LE POÈME

I

Au commencement
haut par delà sens
toujours est la Parole.
O riche trésor
où toujours commencement commencement enfanta !
O cœur du Père
d'où en liesse
la Parole toujours flua !
Cependant le sein
a gardé la Parole, c'est vrai.

II

Des deux un flux
d'amour le feu
des deux le lien
des deux connu
flue le très doux Esprit
tout identique
inséparable.

Les trois sont un.
Sais-tu quoi ? Non.
Lui se sait lui-même mieux que tout.

III

Des trois le lien
a profonde épouvante,
cette ronde même
jamais sens ne concevra,
ici est une profondeur sans fond.
Échec et mat
temps formes lieu !
L'anneau merveilleux
est jaillissement,
tout immobile se tient son point.

IV

La montagne de ce point
gravis-la sans travail.
Lucidité !
Le chemin te porte
au désert merveilleux
qui au large au loin
sans mesure s'étend.
Le désert n'a
ni temps ni lieu,
sa manière c'est elle l'étonnant.

V

Ce bien de désert
oncques pied ne foula,
sens créé
ne vint oncques là.
C'est, et nul pourtant ne sait quoi
c'est ici, c'est là
c'est loin, c'est près
c'est profond, c'est haut
c'est ainsi
que ça n'est ni ceci ni cela.

VI

C'est lumineux, c'est transparent
c'est sombre entièrement
c'est innommé
c'est inconnu
libre de commencement, de fin pareillement
cela se tient tranquillement
nu, sans vêtement.
Qui sait sa maison ?
Qu'il en sorte
et nous dise quelle est sa forme.

VII

Deviens tel un enfant
deviens sourd, deviens aveugle !
Ton être même
faut que néant devienne,

tout être, tout néant, bannis de là tout sens !
Laisse lieu, laisse temps
et l'image également !
Prends sans chemin
le sentier étroit
ainsi viendras-tu à l'empreinte du désert.

VIII

O mon âme
sors, Dieu entre !
Sombre tout mon être
dans le néant de Dieu,
sombre dans ce flux sans fond !
Que je te fuies
tu viens à moi.
Que je me perde
je te trouve
ô bien suressentiel !

Notes

Présentation

1. Ces textes sont actuellement l'objet d'une publication française, aux éditions du Cerf, par les soins d'Alain de Libera, Edouard Weber et Emilie Zum Brunn.

2. Les *Traités* et les quatre-vingt-six premiers *Sermons*, dans leur version attestée par la critique récente, ont été traduits naguère une première fois par Jeanne Ancelet-Hustache (éditions du Seuil). Trois de ces traités et une sélection de sermons ont également été traduits, plus récemment, par Alain de Libera (Flammarion), auquel on doit également une version française du *Poème* (Arfuyen).

3. Nous nous expliquerons dans un instant sur ce titre, qui rompt avec les options de Jeanne Ancelet-Hustache et d'Alain de Libera.

4. Voir aussi la présentation de ce traité dans notre ouvrage intitulé *Maître Eckhart ou l'empreinte du désert*, collection « Spiritualités vivantes », Albin Michel 1995, pp. 48-51.

5. Sur tout ce qui regarde la vie de Maître Eckhart, les courants de pensée dont il se montre tributaire, les événements auxquels il fut mêlé, et plus largement les soubresauts de cette époque politiquement et religieusement troublée, nous nous permettons de renvoyer à *Maître Eckhart ou l'empreinte du désert, op. cit.*, Première partie : « L'histoire et ses parcours ».

6. Avant de se prononcer pour un équivalent entre l'*underscheidunge* eckhartienne et la moderne *Unterweisung* (instruction, enseignement), Josef Quint (Meister Eckhart, *Die deutschen Werke,* Bd. V, *Meisters Eckharts Traktate,* W. Kohlhammer Verlag 1963, pp. 312-313, note 1) énu-

mère quatre nuances possibles de ce terme, reconnues par les meilleurs linguistes : *differentia, discretio, distinctio, divisio.* Or on sait que la *discretio*, en basse latinité, peut avoir, de fait, la signification passive de « différence, diversité, variété », mais aussi le sens actif de *potestas secernendi* (« pouvoir de discerner », par exemple chez Boèce), ou encore de *facultas distinguindi* (dans la ligne du « discernement des esprits » de 1 Co 12,10). À quoi s'ajoute le sens plus général de « prudence », attesté chez Cassien, Grégoire le Grand, Ambroise et bien d'autres. Pour leur compte, les grands dictionnaires de Grimm et de Teubner tranchent sans hésitation pour le sens de « discernement ». Une acception que l'on peut appuyer aussi, en l'occurrence, sur cette raison de bon sens : l'idée de développement discursif impliquant discours, instruction, enseignement, est déjà contenue dans le terme de *rede* ; il y aurait quelque illogisme à ce qu'elle soit redoublée dans le second terme de cette lexie. Celle-ci annonce donc un texte qui *opère* un discernement, qui *est* ce discernement même. Il s'agit en somme de saisir intellectuellement ce qui distingue deux choses.

7. De fait, bon nombre des développements qu'il contient présentent à ces jeunes esprits inexpérimentés deux issues possibles à un problème ou à une question posée, et analysent les raisons qui engagent à s'en tenir à l'une des branches de l'alternative : voir les n°s 7, 9, 10, 13, 15, 20, 21.

8. Cf. *Maître Eckhart ou l'empreinte du désert, op. cit.*, pp. 48-51.

9. Exaltant le bienfait que comporte en elle-même la communion, Eckhart en tire des conclusions qui semblent ressortir à une logique de la quantité : « Deux hommes, écrit-il, seraient-ils égaux en toute leur vie, et l'un aurait-il reçu dignement le corps de Notre-Seigneur une fois de plus que l'autre, par là cet homme doit être à jamais devant l'autre comme un soleil étincelant et être en union particulière avec Dieu. » Argument-limite qui n'a d'autre sens que d'affirmer que *chacun* de ces actes est chargé d'une puissance infinie.

10. Cf. ci-dessus, p. 147.

11. Cf. *Maître Eckhart ou l'empreinte du désert, op. cit.*, pp. 65-70.

12. Cf. Anne-Marie Vannier, « Maître Eckhart à Strasbourg », in *Voici Maître Eckhart*, Textes et études réunis par Emilie Zum Brunn. Jérôme Millon 1994, p. 350 sq.

13. Anne-Marie Vannier, *loc. cit.*

14. Cf. ci-dessus, p. 160 sq. Les citations à venir sont tirées de ces pages.

15. Cf. ci-dessus, p. 115.

16. Cf. ci-dessus, p. 162.
17. Cf. ci-dessus, p. 115. Les citations à venir sont tirées de cette page.
18. Cf. ci-dessus, p. 117. Les citations à venir sont tirées de cette page.
19. Cf. ci-dessus, p. 119.
20. « Tout ce qui est en lui [= Dieu] est Dieu lui-même » : cf. ci-dessus, p. 155.
21. Cf. ci-dessus, p. 119.
22. Parmi ces derniers, Sénèque (dont le nom intervient aussi dans la troisième partie du livre), au milieu d'autres « maîtres », anonymes : témoin de certaine référence à la sagesse des Stoïciens et à l'élévation d'esprit qu'elle véhicule.
23. Cf. ci-dessus, p. 140.
24. Cf. ci-dessus, pp. 133-134.
25. Bulle *In agro dominico*, du 27 mars 1329, *in* Eckhart, *Traités et Sermons*, traduction Alain de Libera, GF Flammarion 1993, p. 411.
26. Cf. ci-dessus, p. 126.
27. Cf. ci-dessus, p. 127. Les citations à venir sont tirées de cette page.
28. Cf. ci-dessus, p. 142. Les citations à venir sont tirées de cette page.
29. Vingt-quatre mentions de cette expression dans l'ensemble du texte, dont dix-neuf introduisent des déclarations du Christ dans l'Évangile (avec référence dominante aux Béatitudes), les cinq autres s'appliquant directement à Dieu, singulièrement à propos de citations de l'Ancien Testament.
30. Cf. ci-dessus, p. 148. Les citations à venir sont tirées de cette page.
31. Cf. ci-dessus, p. 143. Les citations à venir sont tirées de cette page.
32. Cf. *Maître Eckhart ou l'empreinte du désert, op. cit.*, p. 15.
33. Cf. ci-dessus, p. 133.
34. Cf. ci-dessus, p. 155.
35. Cf. ci-dessus, p. 131. Les citations à venir sont tirées de cette page.
36. Cf. ci-dessus, p. 151.
37. Cf. ci-dessus, p. 155. Les citations à venir sont tirées de cette page.

38. Cf. ci-dessus, p. 157.
39. Cf. ci-dessus, p. 162.
40. Cf. ci-dessus, p. 147. La citation à venir est tirée de cette page.
41. Le lien quasi organique entre *L'homme noble* et le *Livre de la consolation divine*, sous l'angle de leur unité rédactionnelle et littéraire, est attesté dès l'origine, puisque les deux dernières des quinze propositions retenues contre Eckhart lors du premier procès de Cologne sont tirées de ce texte, alors désigné sous le titre *Benedictus Deus*, qui qualifie comme on sait ces deux traités — ou les deux parts de cet unique traité.
42. Cf. ci-dessus, p. 174.
43. Cf. *Maître Eckhart ou l'empreinte du désert, op. cit.*, pp. 70-71.
44. Cf. ci-dessus, p. 195.
45. Cf. ci-dessus, p. 164.
46. Cf. ci-dessus, p. 167.
47. Cf. ci-dessus, p. 166.
48. Cf. ci-dessus, p. 169.
49. Cf. ci-dessus, p. 170. Les citations à venir sont tirées de cette page.
50. Cf. ci-dessus, p. 173.
51. Sur la signification positive du terme — une création de Maître Eckhart —, voir Maître Eckhart, *Du détachement et autres textes*, traduit et présenté par Gwendoline Jarczyk et Pierre-Jean Labarrière, éd. Rivages 1995, pp. 12-13.
52. Cf. *Maître Eckhart ou l'empreinte du désert, op. cit.*, p. 190 sq., et surtout Maître Eckhart, *Du détachement et autres textes, op. cit.*, pp. 11-23.
53. Cf. ci-dessus, p. 177.
54. *Du détachement et autres textes, op. cit.*, pp. 76-77.
55. Cf. ci-dessus, p. 178. La citation à venir est tirée de cette page.
56. Cf. ci-dessus, p. 182. Les citations à venir sont tirées de cette page.
57. Cf. ci-dessus, p. 179.
58. Cf. ci-dessus, pp. 178-179.
59. Cf. ci-dessus, pp. 188-189. La citation à venir est tirée de cette page.
60. Cf. ci-dessus, pp. 189-190.
61. Cf. ci-dessus, p. 192. La citation à venir est tirée de cette page.
62. *Maître Eckhart ou l'empreinte du désert, op. cit.*, pp. 14-23.

Discours du discernement

1. « Le cœur détaché ne désire rien, il n'a rien non plus dont il serait volontiers dépris. C'est pourquoi il se tient dépris de toute prière, et sa prière n'est rien d'autre que de n'être qu'une seule forme avec Dieu » (in *Du détachement*, cf. ci-dessus, p. 189).
2. Cf. Augustin, *Confessions*, X, c. 26, n. 37.
3. Mt 19,27.
4. Mt 5,3.
5. Mt 16,24.
6. Contrepartie, marché égal : ces termes seront repris, en semblable contexte, dans le chapitre 23 de ce traité (cf. ci-dessus, p. 106). Avec cette simultanéité entre sortie de soi consentie par l'homme et advenue en lui de Dieu, l'on retrouve ce qui, dès le premier chapitre de ce livre, fut reconnu comme le fruit de l'obéissance et la caractéristique du détachement (cf. ci-dessus, p. 51 sq.).
7. Cette primauté de l'intérieur pour la qualification de l'agir reprend aussi bien l'enseignement d'Aristote *(Eth. Nic.*, 2,6) que le fameux adage scolastique « Agere sequitur esse » — « l'agir suit l'être ».
8. *meinunge.*
9. *meinunge.*
10. *Von der abegescheidenheit und von habenne gotes* : le sens positif du « détachement » (cf. *Maître Eckhart ou l'empreinte du désert, op. cit.*, p. 49 sq.), terme clé de la métaphysique eckhartienne, apparaît ici de façon significative dans sa connexion structurelle avec le fait de « posséder » Dieu ; il s'agit d'un « ne-rien-avoir » qui est un « avoir-Dieu » et qui définit fondamentalement l'« être » de l'homme, comme le met en lumière la troisième partie du Sermon 52 (cf. *Du détachement et autres textes, op. cit.*, p. 80 sq. et p. 30).
11. *an einem inniclichen vernünftigen zuokêrenne und meinenne gotes* : la *vernunft* eckhartienne est la traduction de l'*intellectus* de la philosophie scolastique ; à côté et au-dessus de la volonté, elle désigne la plus haute des puissances spirituelles de l'homme, sa capacité de comprendre et de tendre à l'union.
12. Une telle opposition entre « pensée » et « être » ne met en cause qu'une pensée *formelle*, qui croit saisir les choses à l'intérieur de son propre espace. La visée d'Eckhart est décidément ontologique, et prend l'homme à partir de sa racine — un être-Dieu qui identifie pensée et agir.

13. Texte d'expérience, qui mêle une visée mystique ultime et le sens des lois de la psychologie. La passion éprouvée pour *une chose* unifie toute approche du monde alentour.

14. *ûf daz hoehste vernünfticlîchen* : cf. ci-dessus, p. 60, note 12.

15. *vernunft, vernünftigez mitewizzen* : l'exercice de l'« intellect » et de la « conscience intellectuelle » ne relève pas ici de la pensée formelle ou de l'argumentation (cf. ci-dessus, p. 60, note 12) ; il s'agit d'une activité supérieure de l'intelligence, analogue à la « vigilance » du cœur et appelée à s'exercer en toutes circonstances.

16. Lc 12,36.

17. Maître Eckhart, qui place l'intellect au sommet de la hiérarchie des puissances de l'âme, rejoint ici Thomas d'Aquin dans l'affirmation de l'excellence de la volonté. La bonté de l'homme ne procède ni de ses inclinations ni de l'objectivité de ce qu'il accomplit, mais de la force intérieure, « divine », de sa volonté orientée vers le bien.

18. *eigenschaft.*

19. La volonté parfaite est celle qui, totalement « sortie » d'elle-même, se tient en nudité et n'est liée par aucune attache personnelle ; ainsi le Sermon 52 évoquera-t-il les trois pauvretés essentielles qui ont trait au vouloir, au savoir et à l'avoir (cf. *Du détachement et autres textes, op. cit.*, p. 71 sq.).

20. Rm 9,3.

21. Ac 9,6.

22. *ie mêr wir eigen sîn, ie minner eigen* : encore et toujours, l'expropriation de soi-même est la mesure de l'appropriation à Dieu. Sur cette base, aucun événement dommageable, fût-il imputable à l'agir de l'homme, n'est susceptible de détourner Dieu.

23. Cf. Rm 8,28.

24. L'article 15 de la bulle de condamnation fait grief à Maître Eckhart d'affirmer que l'homme qui aurait commis mille péchés mortels, s'il se trouve actuellement en de bonnes dispositions, « ne devrait pas vouloir ne pas les avoir commis ». Cette affirmation ne se retrouve littéralement en aucun écrit d'Eckhart ; le présent chapitre opère au contraire une distinction : nul assentiment au péché passé en tant qu'il est offense à Dieu, mais conviction du bienfait qui en procède, sous la double forme de l'humilité et de l'incitation à plus d'amour.

25. Cette création nouvelle, plus admirable que celle de l'univers, a été exaltée par Augustin et Thomas d'Aquin *(Summ. theol.* Ia IIae, q. 113, a. 9).

26. *von zweierlei riuwe.* Exemple type d'un procédé d'exposition pré-

sent en bien des passages de ce texte : deux réactions ou deux attitudes sont évoquées, sous mode d'alternative ; entre elles, c'est un « discernement » qui se trouve proposé.

27. En fait, la citation ici attribuée à saint Paul est prise de la première Épître de Jean (1 Jn 4,18). L'hymne à la charité de la première Épître aux Corinthiens (1 Co 13,4-7) ne fait pas référence au bannissement de la crainte.

28. 1 P 4,8.

29. Lc 7,47.

30. *swenne sich die liute hier ane als unglîch vindent* : parce que en cela ils se trouvent comme inégaux [aux grandes œuvres accomplies par le Christ et par les saints].

31. *ich ahte vil bezzer ein vernünftigez werk dan ein lîplichez werk* : dans son opposition au corps, l'intellect n'est pas ici l'intelligence entendue au sens de raisonnement, mais l'*esprit* en tant qu'il détermine la qualité de l'œuvre (cf. ci-dessus, p. 63, le titre du chapitre 7 : *Wie der mensche sîniu werk sol würken ûf daz hoehste vernünfticlichen*, « Comment l'homme doit accomplir son œuvre de la façon la plus conforme à l'intellect »).

32. *daz sich der mensche gote lâze groezlîche* : s'en remettre à Dieu, se laisse [aller] à lui.

33. *îngebildet.*

34. Cf. 1 Co 11,27-29.

35. Cf. 2 Co 3,18.

36. *dîn unmaezlîchiu, unbegrifflîchiu gotheit* : loin d'engendrer l'apophatisme, l'incompréhensibilité de Dieu, pour Maître Eckhart, ne fait pas qu'il échappe à l'intellect ; seul ce dernier, au contraire, est à même d'*affirmer* l'indicible.

37. Même affirmation dans le traité *Du détachement* : cf. ci-dessus, pp. 85 sq.

38. Même affirmation à la fin du chapitre 9 : cf. ci-dessus, p. 66.

39. Exercice, habitude (au sens de l'*habitus* latin, capacité acquise de faire telle ou telle chose) : des mots austères, mais qui n'ont pas pour autant un sens d'abord ascétique ; il s'agit en vérité d'une profonde « réforme de l'intellect », qui lui rend possible et aisé de se tenir en liberté au milieu de toutes réalités en décelant Dieu présent en elles.

40. *sie enwaere niht wol bereit* : le « quelqu'un » *(von einem menschen)* dont il vient d'être question est par conséquent une femme.

41. Nouvel exemple de discernement entre deux formes de vouloir.

42. *laezet sich* : dans la mesure où Dieu trouve *durablement* en l'homme sa propre volonté, il s'y abandonne selon tout ce qu'il est.

43. Lc 11,17.

44. Lc 11,23.

45. Mt 23,12 ; Lc 14,11.

46. Cette identité des contraires rompt décidément avec une logique de non-contradiction, et met en œuvre une véritable relation dialectique dans laquelle le contenu de chaque terme et sa venue à plénitude sont à chercher dans la perfection de l'autre.

47. Mc 9,34.

48. Telle est la base de l'ontologie eckhartienne : l'*être* essentiel et le *devenir*-rien sont identiques, comme le sont la substance et la relation. C'est là une transcription en termes logiques de l'affirmation symbolique que l'on vient de lire, celle qui identifie la profondeur et la hauteur.

49. 1 Co 1,5.

50. Cf. ci-dessus, p. 56 (au début du chapitre 4).

51. Sur le thème de la pauvreté en esprit, cf. le Sermon 52, *in* Maître Eckhart, *Du détachement et autres textes*, éd. Rivages 1995, p. 71 sq.

52. 2 Co 6,10.

53. Diogène le cynique.

54. Cf. 2 Co 12,2-3.

55. Mt 5,10.

56. Quand il s'agit de l'action de Dieu et de son efficience absolue, disparaît la hiérarchie que la doctrine classique établit entre nature et grâce, qui « sont toutes deux siennes ».

Liber « Benedictus »

I. Le livre de la consolation divine

1. 2 Co 1,3-4.

2. Jn 14,10.

3. Jn 5,17.

4. Cf. Jn 17,10.

5. *doch gibet ez sich* : le *ez*, neutre, ne peut renvoyer qu'à *guot*, et non à *die guete*. Il faut sans doute entendre que, s'il y a « bon », il ne peut qu'avoir été donné à soi par la bonté. Ainsi l'a-t-il « en » lui-même, non

« par » lui-même. En somme, au sein de la relation d'identité entre donnant et donné, il existe une différence *de fonction.*

6. Jn 5,26.

7. Jn 1,12 sq.

8. *entbildet* et *überbildet* : cf. ci-dessus, p. 25.

9. Sur la différence entre « engendré » et « inengendré », telle qu'elle demeure au sein de la plus grande unité, cf. ci-dessus, p. 116, note en bas de page.

10. À noter que le principe de cette consolation n'est pas recherché dans des références « religieuses », mais dans le juste exercice de « la lumière naturelle de l'âme douée d'intellect ». Pour Eckhart, il n'est pas de « lieu » plus adéquat de l'union dernière avec Dieu.

11. Sans doute adapté d'un texte proche que l'on trouve chez saint Augustin, dans les *Enarrationes in Psalmos,* Sermon 1, n. 3.

12. *gebildet* : dépouillé de l'image de la créature *(entbildet),* l'homme vrai est formé dans l'image qu'est le Christ *(gebildet),* et trans-formé *(überbildet)* dans l'image de la déité (cf. ci-dessus, p. 116, note en bas de page).

13. Prov. 12,21.

14. Cf. Lc 9,25 : « Quel avantage l'homme a-t-il à gagner le monde entier, s'il se perd ou se ruine lui-même ? »

15. *von den stücken bî drîzigen* : environ trente passages.

16. Cf. 1 Co 10,13.

17. Sir 11,27.

18. Augustin, *Confessions,* X, 41,66.

19. Augustin, Sermon 105, 3,4, et Sermon 53, 6, 6.

20. Cf. Ex. 33,15.

21. Lc 6,45.

22. Sir 6,7.

23. Ps 41,4.

24. Référence à la cosmologie aristotélicienne, alors communément reçue. Cf. Aristote, *Phys.,* Δ 1,208 *a* 27 sq. ; *b* 8 sq.

25. Maître Eckhart, dans son *Commentaire de la Sagesse* (n. 131), évoque cette même opinion en l'attribuant, sinon dans sa lettre du moins dans sa teneur, à Augustin. Dans le *De quantitatae animae* 5,9, Augustin affirme en effet que l'âme est plus vaste que le monde entier et l'enclôt tout en elle.

26. Le Sermon *De l'homme noble* identifie l'homme *céleste* avec l'homme intérieur, nouveau, jeune, ami, noble. Cf. ci-dessus, p. 164.

27. Cf. Mt 6,10.
28. Sénèque, *Quaest. nat.*, III, Praef., n.12.
29. Sénèque, *Ep. ad Lucilium* 107,11. Cité avec des variantes mineures par Augustin dans *De civitate Dei,* l. V, chap. 8.
30. Cf. Rm 9,3.
31. Cf. 1 Co 13,12.
32. Jn 17,3.
33. Parmi les maîtres il faut mentionner saint Thomas d'Aquin *(Summ. theol.* I qu. 12, art. 9). Dans la mesure où l'homme est « dépouillé de son image propre en Dieu » et « revêtu de l'image dans la volonté de Dieu », sa connaissance s'accomplit dans la libération par rapport à l'image de la créature en tant que créature, et dans la connaissance nouvelle de cette créature à partir de l'image que Dieu est lui-même.
34. Mt 6, 9-13.
35. Cf. ci-dessus, note 33.
36. Mt 5,3.
37. L'article 14 de la bulle de condamnation *In agro dominico* reprend cette proposition, déclarée « hérétique ». Mais la « souffrance sans souffrance » pour le péché passé — qui va de pair avec la volonté de n'en plus commettre à l'avenir — est l'extrême pointe, en l'occurrence, d'un détachement qui est configuration à Dieu, pour qui tout mal est « souffrance sans souffrance ». Seule la souffrance puisée en Dieu est souffrance parfaite.
38. Cf. ci-dessus, pp. 115 sq.
39. Mt 18,9.
40. Mt 19,29.
41. Augustin, *De Trinitate,* l. VIII, chap. 3, n. 4. L'oubli des créatures — en tant que leur souvenir, marqué de préoccupation, s'ajouterait à Dieu — est la contre-épreuve de ce que Dieu est réellement compris comme tout.
42. Jn 1,5.
43. 2 Co 12,9.
44. *ingebildet.*
45. Cf. Jn 16,20.
46. Augustin, *Enarrationes in Psalmos 30,* Sermon 3, n. 11.
47. Aristote, *De anima* II, 7, 418 *b* 26.
48. Thomas d'Aquin, *Summ. theol.* Ia-IIae, q. 3, a. 2, *ad* 4um.
49. Mt 5,3.

50. *glîchnisse.* Par rapport à *glîchheit*, égalité, *glîchnisse* désigne ordinairement une ressemblance, un rapport qui demeure de l'ordre de la comparaison. Dans tout ce passage, pourtant, le fait qu'il s'applique au Fils à l'intérieur de la relation trinitaire semble imposer qu'on lise en lui une authentique « égalité ».

51. Si 1,7.

52. Eph 4,6. L'âme va vers le Un, le Père, par l'« égalité » et l'« amour ardent » qui désignent respectivement le Fils et l'Esprit.

53. Cf. 1 Co 13,12 et 2 Co 3,18.

54. Cf. Is 62,1.

55. Cf. Jn 17,11 et 17,21.

56. Jn 16,21.

57. Jn 14,8.

58. Il n'est pas impossible de percevoir ici l'écho d'une expérience personnelle intime — une confidence sur la souffrance que causèrent à Maître Eckhart les soupçons lancés sur sa personne et sa pensée.

59. Cf. Sermon 52, in *Du détachement et autres textes, op. cit.*, p. 77.

60. On trouve une affirmation proche de celle-ci en Jr 3,12.

61. *bilden* ; on dirait aussi bien : « elle qui ne peut donner figure en soi à la bonté de Dieu ».

62. Ps 95,1.

63. Ps 134,6.

64. Mt 5,10.

65. Cf. Rm 9,3. Ce désir de souffrance *actuelle* est l'analogue, dans l'ordre de la vertu, de la permanence de l'inné et du structurel dans l'ordre ontologique, telle qu'elle vient d'être soulignée.

66. *ûzvluz* : « flux » ou « émanation ».

67. Cf. Jn 4,14 et 7,39.

68. Mt 3,17.

69. Mt 5,3.

70. Cf. Col 1,8.

71. Cf. Augustin, *De doctrina christiana*, III, 27,38.

72. Cf. 2 P 1,21.

73. Cf. 1 Co 2,11.

74. Cf. Mt 19,26.

75. Cf. Pr 16,4.

76. Cf. le sermon *De l'homme noble*, seconde partie du *Benedictus Deus*, ci-dessus, p. 163.

77. Josef Quint fait état ici d'une référence à Albert le Grand, décelée

par Bernhard Geyer (Bonn) : *De causis et proprietatibus elementorum*, I, 2,5.

78. Mt 16,24. « Soulever sa croix » = *sîn criuze ûfheben* : la soulever et l'enlever, selon le double sens de ce terme dans l'allemand de cette époque ; ce qui signifie : la porter tout en supprimant la charge qu'elle constitue. En effet, il est écrit dans l'Évangile : « Mon joug est facile à porter et mon fardeau léger » (Mt 11,30).

79. Mt 5,10.

80. Cf. Jn 12,26.

81. Os 2,14. Cette citation du prophète Osée est mise dans la bouche du *Père*. Car c'est en tant que Père, et pour engendrer des *fils* dans le Un qu'il est, que *Dieu* attire l'homme au désert.

82. *überbildet*.

83. Cf. Jn 12,26.

84. Cf. He 12,6.

85. Cf. Sg 3,5-6.

86. Cf. *Vita beati Antonii abbatis*, chap. 9.

87. Ac 5,41.

88. Cf. Ps 33,19.

89. Cf. Augustin, *Epist.* 138, 3,12.

90. Augustin, Sermon 105, 3,4.

91. Augustin, Sermon 53, 6,6.

92. Selon Josef Quint, cette citation, déjà évoquée sans mention d'auteur (cf. ci-dessus, pp. 123-124), pourrait renvoyer à Augustin, *Conf.* XIII, 8 ou à *Conf.* IV, 9,14.

93. Cf. Sg 7,11.

94. Cf. Ps 90,15.

95. Cf. Bernard de Clairvaux, Sermon 17 sur le Psaume 90.

96. Mt 6,10.

97. Cf. Ps 96,3.

98. Mt 5,10.

99. Cf. ci-dessus, entre autres passages, p. 142.

100. Cf. Ps 37,18.

101. Cf. Jérôme, *Epist.* 120, 10.

102. Cf. ci-dessus, p. 140, note en bas de page.

103. Mt 5,10.

104. Sg 3,1.

105. Cf. Hb 11, 36-38.

106. Cf. Ac 5,41.

107. Il s'agit du deuxième Livre de Samuel : cf. 2 S 16,5-12.

108. Dans la *Vie des Pères du désert*. Cf. « *Vitae Patrum* » III, in *Patrologie latine* 73,742, n. 8.

109. Cf. Sg 11,24-25.

110. Josef Quint renvoie ici au commentaire du *Timée* par Calcidius, éd. Wrobel, Leipzig 1876, p. 210, lignes 26 sq.

111. Il s'agit du Second Livre des Macchabées : cf. 2 M 7.

112. Il est légitime d'y trouver l'écho d'une confidence personnelle ; cette circonstance pourrait faire pencher vers une date de composition tardive de ce traité, au moment où commença à Cologne la persécution contre Eckhart.

113. Cf. Augustin, *Conf.* I, 6,10.

114. Cf. Augustin, *Conf.* X, 23,34.

115. Cf. Augustin, *Conf.* XI, 8,10 et XI, 11,13.

116. Sénèque, *Epist.* 71,24 : « Magno animo de rebus magnis judicandum est » — « c'est avec un esprit grand qu'il faut juger des choses grandes ».

117. Lc 5,31.

118. Cf. le prologue de l'Évangile de Jean : Jn 1,1-18.

II. De l'homme noble

1. Lc 19,12.

2. Ce traité, dont la structure est celle d'un sermon, figure parmi les textes les plus explicites concernant l'*anthropologie spirituelle* de Maître Eckhart : la nature duelle de l'homme, le procès de sa divinisation, le chemin de retour vers cette réalité d'origine.

3. Première partie du développement : la nature double de l'homme et les caractéristiques de l'homme intérieur.

4. Cf. 2 Co 4,16.

5. Cette opposition homme extérieur/homme intérieur, homme ancien/homme nouveau est plusieurs fois évoquée par Paul, lorsqu'il enjoint de se laisser revêtir de « l'image du créateur » : Col 3,10. Cf. Eph 4,22-24 ; 2 Co 4,16.

6. En fait, le texte de référence de Jérôme (*Commentaire de l'Évangile de Matthieu* III, 18, 10-11) ne parle que de la présence auprès de l'homme d'un « esprit bon ». Quant aux maîtres en question, ils sont

sont doute visés à travers la reprise qu'en fait le texte du Lombard (*Sent.* II d. 11, c. 1, n. 74).

7. Cf. Gn 3,1 sq.
8. Cf. Mt 7,17.
9. Cf. Gn 1,26.
10. Cf. 2 P 1,4.
11. Cf. Lc 8,11.
12. Cf. la parabole de l'ivraie et du bon grain : Mt 13,24-30.
13. Cf. Rm 7,23.
14. Cf. Rm 7,24.
15. Cf. Ga 5, 17 sq.
16. Cf. Ga 6,8.
17. Cf. Mt 7,18.
18. Cf. Cicéron, *Tusculanes* III, 1,2 ; Sénèque, *Epist.* 73,16.
19. Cf. 1 Jn 3,9.
20. Cf. Origène, *In Genesim*, Hom. XIII, n. 4. Texte cité par Eckhart dans son propre commentaire de la Genèse (II, n. 193).
21. Cf. Augustin, *De vera religione* 26, n. 49. Cf. 1 Co 3,2 ; He 5,12.
22. Cf. Origène, *In Genesim,* Hom. XIII, n. 4.
23. Cf. Gn 26,14 sq.
24. Cette image de la statue intérieure qu'il faut dégager de sa gangue ou restaurer après corruption est développée également par Eckhart dans son *Commentaire de saint Jean* (n. 575). Elle trouve origine chez Denys l'Aéropagite *(Theol. myst.* c. II) et chez Plotin *(Ennéades* IV, 7,10).
25. Cf. Mt 13,44.
26. Cf. Augustin, *De Trin.* XII, 7,10. Cité par Eckhart dans son *Commentaire de la Genèse* : II, 130.
27. Cf. 1 Co 11, 4 sq.
28. Cf. ci-dessus, p. 167, note en bas de page.
29. Possible référence lointaine à Ps 4,9.
30. Cf. Jn 1,5.
31. Le Cantique des Cantiques.
32. Ct 1,5.
33. Pr 25,4.
34. La bulle de condamnation, *In agro dominico*, art. 24, porte : « Toute distinction est étrangère à Dieu, dans la nature et dans les personnes [...]. » Eckhart aurait donc nié de plein fouet qu'il y ait une pluralité en Dieu. Tel n'est pourtant pas le sens de ce passage, dans lequel le terme de *mittel* n'est pas à entendre comme différence, et non

plus comme médiation, mais bien comme *inter-médiaire*, comme ce qui se tiendrait entre deux réalités et les séparerait l'une de l'autre. La déité est une en elle-même *et* dans chacune des Personnes. Qu'en Dieu il n'y ait pas d'« intermédiaire » signifie simplement que chacune des Personnes est le *tout*, et ne saurait, *dans sa distinction*, être séparée des deux autres

35. Ap 2,13. Cf. Is 41,4 et 44,6.

36. Être et mode d'être : *wesen* et *wesung*. Ce dernier terme, qui semble être un hapax chez Eckhart, désigne la spécification de l'être selon l'une de ses modalités. En l'occurrence, il caractérise la Personne par rapport au Un de la déité.

37. Cf. Macrobe, *Commentarii in somnium Scipionis* I, 6,7-10. Eckhart cite ce texte par deux fois dans ses commentaires d'Écriture en latin : *In Sap.*, n. 149, et *In Joh.*, n. 555.

38. Cf. Macrobe, *id.* I, 6,16.

39. Cf. 2 Co 11,2. Le texte exact est : « Je vous ai fiancés à un époux unique, pour vous présenter au Christ, comme une vierge pure. »

40. Eckhart s'appuie sur l'étymologie traditionnelle qui rapproche *homo* (homme) de *humus* (terre). Dans son *Commentaire de saint Jean* (n. 318), il revient sur la signification de ce rapprochement.

41. Dans le passage de son *Commentaire de saint Jean* qui vient d'être évoqué (n. 318), Eckhart articule de semblable façon l'« humilité » de l'homme et le fait que, par son intellect, il n'a rien de commun avec rien. Ce « détachement » — *ni ceci ni cela* — est ce par quoi l'homme est *un* avec Dieu et trouve en lui « vie, être, vérité et bonté ». Ce n'est donc pas d'abstraction qu'il s'agit là, mais de la totalité qu'est Dieu.

42. Cf. Aristote, *Met.* I, 1, 980 *a* 21. Cité également par Eckhart dans le *Commentaire de saint Jean* (n. 671).

43. Cf. Augustin, *De Genesi ad litteram* IV 23,40 et 24,41 ; Thomas d'Aquin, *Summ. theol.* Ia, q. 58, a. 6, ad 2. Henri Suso, disciple de Eckhart, a repris cette distinction dans son *Livre de la vérité*, V (éd. Jeanne Ancelet-Hustache, Seuil 1977, p. 444).

44. Cf. Aristote, *De anima* II, 2, 426 *b* 12-29.

45. Cf. Jn 17,3.

46. Sur cette parabole du feu et du bois, que reprendra Jean de la Croix, cf. ci-dessus, p. 135, note en bas de page.

47. Cf. Ez 17,3-4. C'est avec ce même texte que Eckhart ouvre son *Commentaire de saint Jean.*

48. Cf. Os 2,14. Cité également dans le *Livre de la consolation divine*, cf. ci-dessus, p. 148, note 81.

49. Cet hymne au Un a été esquissé dans la première partie du *Bene-*

dictus Deus : « Cœur à cœur, un dans Un, voilà ce que Dieu aime » *(Livre de la consolation divine*, cf. ci-dessus p. 148).

Du détachement

1. Lc 10,42.
2. 1 Co 13,1 sq.
3. Dans le *Livre de la consolation divine*, la souffrance est l'un des noms de Dieu (cf. ci-dessus, p. 155, note en bas de page). Ici, où elle se trouve abordée dans la perspective d'une définition de la vertu la plus haute, elle entretient encore quelque relation à la créature comme faisant nombre avec Dieu, alors qu'il importe d'en venir à ce qui n'est réceptif qu'à Dieu seul. L'unique question posée par Maître Eckhart est en effet la reconnaissance de ce que *Dieu est tout.*
4. Dans son *Commentaire de saint Jean* (n. 90), Eckhart évoque à ce propos Bernard *(De consideratione*, l. III) et Augustin.
5. Ps 45,14.
6. Lc 1,48.
7. Ps 85,9.
8. Cf. ci-dessus, p. 178, note en bas de page.
9. Ga 2,20.
10. Augustin, *De Trinitate* V, c. 16, n. 17.
11. Augustin, *De Trinitate* XII, c. 7, n. 10.
12. Isidore de Séville, *Sententiarum liber primus*, c. 8, n. 4.
13. Ex 3,13 sq.
14. Mt 26,38 ; Mc 14,34.
15. Cette distinction entre l'homme extérieur et l'homme intérieur est à la base de l'enseignement proposé par Eckhart dans le sermon *De l'homme noble* : cf. ci-dessus, p. 164, note 5.
16. Mc 12,30 ; Lc 10,27.
17. Cf. ci-dessus, p. 185, note 14.
18. Comparaison traditionnelle, qui se fonde sur la représentation aristotélicienne de l'âme comme « table rase ». Cf. Aristote, *De anima* Γ 4, 430 *a* 1.
19. 1 Co 9,24.
20. Cf. Denys, *De divinis nominibus* c. 4, § 9 ; c. 13, § 3.
21. Citation indéterminée, que d'aucuns rapportent au « pseudo-Augustin », Alcher de Clairvaux.

22. Citation indéterminée. Eckhart est familier de cette référence à l'éternité de l'homme en Dieu : voir en particulier le Sermon 52, in *Du détachement et autres textes, op. cit.*, pp. 77-78.

23. Citation approximative du livre de l'Ecclésiastique : « Dans la cité bien-aimée j'ai trouvé mon repos » (Si 24,11).

24. *einförmicheit mit gote* : cf. ci-dessus, p. 189, note en bas de page. L'homme, en effet, est alors réellement « une seule forme avec Dieu », *einförmic mit gote.*

25. Ga 3,27. Cf. Col 3,10 ; Eph 4,24.

26. Jn 16,7.

27. Eckhart renoue ici avec le thème qu'il a abondamment illustré dans le traité *De la consolation divine* : cf. ci-dessus, pp. 115 sq.

28. Ga 5,17.

29. Dans le traité *De la consolation divine*, Eckhart a magnifié la souffrance comme étant le lieu de tous les biens : l'homme de bien, affirme-t-il, « hait avoir-souffert, car avoir-souffert n'est pas souffrir, — ce qu'il aime » ; il dit aussi « qu'un tel homme hait pareillement devoir-encore-souffrir, car cela non plus n'est pas souffrir » (cf. ci-dessus, p. 141). Ici, la perspective est autre : qu'elle soit passée, actuelle ou future, la souffrance, qui est la voie d'accès la plus courte vers le détachement, n'est encore qu'un préalable, un « moyen » par rapport à lui.

Index des noms de personnes cités dans les textes de Maître Eckhart

Eckhart évoque, par dix-huit fois, l'opinion d'un maître ou de plusieurs dont il omet de citer le ou les noms. La plupart de ces citations anonymes ont pu être décryptées, et sont identifiées en note. Pour autant, ces noms ne sont pas repris ici, pas plus que ceux qui sont cités dans la Présentation et dans les notes de ce volume.

Index des matières

Table

TABLE

DES MÊMES AUTEURS (sélection)

De Gwendoline Jarczyk

Système et liberté dans la Logique de Hegel, Aubier, 1980.
Éloge des libertés, Desclée de Brouwer, 1990.
Dieu immédiat, entretiens avec Eugen Drewermann, Desclée de Brouwer, 1995.

De Pierre-Jean Labarrière

Structures et mouvement dialectique dans la Phénoménologie de l'Esprit de Hegel, Aubier-Montaigne, 1968 ; 1988.
Introduction à une lecture de la Phénoménologie de l'Esprit de Hegel, Aubier-Montaigne, 1979 ; 1987.
L'Unité plurielle. Éloge, Aubier-Montaigne, 1975.
Le Discours de l'Altérité, PUF, 1983.
L'Utopie logique, L'Harmattan, 1992.

De Gwendoline Jarczyk et Pierre-Jean Labarrière

Traduction, présentation et notes de la *Science de la Logique* de Hegel, Aubier-Montaigne. Trois volumes : *L'Être*, 1972 ; *La Doctrine de l'Essence*, 1976 ; *La Logique subjective ou Doctrine du Concept*, 1981.
Hegeliana, PUF, 1986.
Les Premiers Combats de la reconnaissance. Maîtrise et servitude dans la Phénoménologie de l'Esprit de Hegel, « Bibliothèque du Collège international de philosophie », Aubier-Montaigne, 1987.
Le Malheur de la conscience ou l'accès de la Raison, Aubier-Montaigne, 1989.
Le Syllogisme du pouvoir. Y a-t-il une démocratie hégélienne ?, Aubier-Montaigne, 1989.
Traduction, présentation et notes de la *Phénoménologie de l'Esprit* de Hegel, Gallimard, 1993.
Hegel. Notes et fragments (1803-1806), Aubier, 1991, traduction et commentaire par Catherine Colliot-Thélène, Gwendoline Jarczyk, Jean-François Kervégan, Pierre-Jean Labarrière, André Lécrivain, Alain Lacroix, Béatrice Longuenesse, Denise Sonche-Dagues, Steve Wajsgrus.

Maître Eckhart, *Du détachement et autres textes,* traduit du moyen-haut allemand et présenté par Gwendoline Jarczyk et Pierre-Jean Labarrière, Éditions Payot-Rivages, 1995.

Maître Eckart, *Le Château de l'âme* (sermons 2 et 86) ; traduit du moyen-haut allemand et présenté par Gwendoline Jarczyk et Pierre-Jean Labarrière, DDB, 1995.

Maître Eckhart ou l'empreinte du désert, Albin Michel, 1985.

De Kojève à Hegel, Albin Michel, 1996.

DANS LA MÊME COLLECTION

« Spiritualités vivantes »
grand format

La Voie soufie, de Faouzi SKALI.
Musique et extase, l'audition mystique dans la tradition soufie, de Jean DURING.
Enseignements essentiels, du DALAÏ-LAMA, prix Nobel de la Paix.
Thomas Merton, un trappiste face à l'Orient, de Gilles FARCET.
L'Église et les religions ou le désir réorienté, du père Jacques VIDAL.
L'Expérience du Zen, de Thomas HOOVER.
Soleil de prières, anthologie du monde entier, de Sylvie REFF.
Rencontres avec Carlos Castaneda et Pachita la guérisseuse, de Maurice COCAGNAC.
Femmes en quête d'absolu, de Simone Weil à Élisabeth Kübler-Ross, d'Anne BANCROFT.
Ivresse de Dieu. Aventures spirituelles en Égypte, au IVe siècle, de Monique A. BERRY.
Le Maître et le Thérapeute, de Jacques VIGNE.
Dans le silence de l'Aleph, de Claude VIGÉE.
Ultimes paroles, de KRISHNAMURTI.
Comme un éclair déchire la nuit, du DALAÏ-LAMA.
L'Oiseau et sa symbolique, de M.-M. DAVY.
La Vie d'ermite, de Michel JOURDAN.
Zen et Occident, de Jacques BROSSE.
Éléments de psychologie spirituelle, de Jacques VIGNE.
Entretiens et causeries, de VIVEKANANDA.
Tout est noces, de M.-M. DAVY.
La Méditation et la Bible, d'Aryeh KAPLAN.
La Quête de l'Esprit, d'Eugraph KOVALEVSKY.
La Lettre, chemin de vie, d'Annick de SOUZENELLE.
Le Christ est né à Chalma, de Maurice COCAGNAC.
L'Eau divine et sa symbolique, de Patricia HIDIROGLOU.
Au-delà des dogmes, du DALAÏ-LAMA.
Job sur le chemin de la Lumière, d'Annick de SOUZENELLE.
Le Rêve du papillon, œuvres, de TCHOUANG-TSEU.
Dictionnaire des symboles musulmans, de Malek CHEBEL.
Passerelles. Entretiens avec le Dalaï-Lama sur les sciences de l'esprit.
L'Aventure prophétique. Jonas menteur de Vérité, de Ruth REICHELBERG.
Humanisme et mystique, d'Albert SCHWEITZER (anthologie).
Maître Eckhart ou l'empreinte du désert, de G. JARCZYK, et P.-J. LABARRIÈRE.
Les Nuages et leur symbolique, collectif sous la dir. de J. KELEN.
La Montagne et sa symbolique, de M.-M. DAVY.

Treize Inconnus de la Bible, de Cl. VIGÉE et V. MALKA.
Tant que durera l'espace, de DALAÏ-LAMA.
Méditation et psychologie, de Jacques VIGNE.
L'Interprète des désirs, d'IBN 'ARABÎ, présenté et traduit par Maurice GLOTON.

La composition de cet ouvrage
a été réalisée par Nord Compo,
l'impression et le brochage ont été effectués
sur presse Cameron dans les ateliers
de Bussière Camedan Imprimeries,
à Saint-Amand-Montrond (Cher),
pour le compte des Éditions Albin Michel.

Achevé d'imprimer en octobre 1996
N° d'édition : 15802. N° d'impression : 4/916.
Dépôt légal : octobre 1996.